JN057643

私的*Paris*案内
「ひとり歩きのパリノート」

西邑真理
Mari Nishimura

中央公論事業出版

なぜパリ？

1977 年 12 月。人生初めての海外で母と二人、パリの地を踏んだ。それ以来、私は必ずパリを基点に旅をするようになった。例えばパリとロンドン、ローマとパリ、パリとギリシャ、スイスとパリ。そんな具合に。

パリを自由に歩き回る。その楽しさや面白さ、不安や苦労を一冊の本(注)にまとめたのは 46 歳の時。初めてパリの地に立ってから 17 年が過ぎていた。その後は時々休んだりしながらもパリ行きを続け、60 代で迎えた定年退職後。家族や友人、時には一人でと飽きもせずアパルトマンを借りて気儘にパリ歩きを続けている。

ある友人が「なぜパリ？」と私に聞いた。その時、私の頭に浮かんだのは母と二人で行った初めてのパリ。無謀にも近郊への旅を敢行したハラハラドキドキの一日。テオドール・ルソーやミレーが暮らした Barbizon（バルビゾン）。その村を偶然雑誌で見つけた私は「せっかくのフリータイムだもの！」と俄然行く気になった。そして当日。覚束ない英語と手振り身振りで切符を買い、パリの Gare de Lyon（国鉄リヨン駅）から母と二人電車に乗った。

寒い中を凍えながらルソーの小さな美術館を訪れ、楽しみにしていたホテルでの昼食は予約が無いからと断られてしまう。大好きだった映画『男と女』にも登場したホテルだ。仕方なく帰ろうにもバスの便が無い。村に一軒だけあるカフェで聞けば、「個人タクシーだったらあるよ」と。

空腹を抱えたまま私達は、若い女性が運転する車に乗り込んだ。村を出てすぐ、車窓には大きな森。果たして駅に向かっているのか？　不安なまま、二人黙り込んで後部座席に座っていた。やがて私達の眼に飛び込んで来たのは Fontainebleau（フォンテーヌブロー）の森だ。色とりどりの落ち葉で埋め尽くされた地面が鈍色に輝く、森。その錦絵のような美しさに私と母は息を呑んだ。

私の記憶の底にしっかりと横たわっている、その光景を普段は思い出すこともない。そして今となっては、その美しさも曖昧。それでも、あの瞬間が今でも私をパリへと誘うのだと確信している。

パリへ行き続けて 40 年。旅をブログに綴り始めて 5 年目。そろそろ 2 冊目の本を作ろうかな。そう！　パリはフランス語が出来ない初心者だって、高齢者だって大丈夫。そんなメッセージを発信したい！　そう思うから。

注：『海外旅行の達人　パリ編』
　　西邑真理著　コスモの本　1994 年

＊目次＊

旅に必須の３つ

【１】航空券
【２】宿
【３】スケジュール

　旅に必須の、この３つ。自分で探して、選んで、決める、が自由な個人旅。ツアーと全く違う点は、全てが自己責任ということ。うまく行くかどうかは実際に旅して分かるもの。気楽でいこうじゃないかの、ゆるい目線。予想外のおまけが付いて来る場合もあるんだし、と。そんな心持でのんびりやる。ただし、安全には充分に気を付けて。

　旅に必須な３つ。それを揃えてくれるのは全て情報。ガイドブックや雑誌の特集を見つけたり、時には図書館に出向いたり。パソコンやスマホを駆使してラクをするのも、あり。現代はインターネットで最新の情報が手に入るから、本当にありがたい。情報を入れ替えたり、積み上げたりして。やがて出発する頃には、自分のためだけのオリジナルな旅の出来上がりだ。

【１】航空券

　今年もパリへ行こうかなと考えた、その瞬間に。私が真っ先にネットを探し回るのは、航空券。その動きはオートマティックに近いものがある。考えるより先に指が動いている。そんな感じ。

　予定している出発の数か月前から、価格チェックを開始。なるべく安く上げるが基本。「すごく安いな」と思えば、燃料チャージ料金が含まれていなかったり、途中で乗り継ぎがあったり。パリ着が深夜や超・早朝だったりすることもある。無理はしない方が良いかと、結局は同じ航空会社に落ち着く。マイルを貯めていることもあるけれど。

　航空券の発売は355日前（ANAの場合）から。時間が経過するにつれ、値段は上がったり下がったり。最終的に決断を下すのは出発の１～２か月ぐらい前。うかうかしていると高価格で固まってしまうから、油断出来ない。実際の出発日を決めるまで、月に４、５回はチェックする。

　次に大事なポイントは出発日。なるべく安く楽に旅をしたい。そんな時に便利なパリ限定の道具を上手く使う。正式名称は Navigo Découverte（ナヴィゴ・デクヴェルト）。非居住者用のカードで、Métro（メトロ　地下鉄）や BUS（バス）、パリ市内を走る RER（高速郊外鉄道）。いずれにも使用可能のフリーパス。非居住者用と言えば面倒な響きだが、パリに在住していない旅行者こそ便利にお得に使えるパスカード。

ナヴィゴには週間パス・月間パス・年間パスの3種類あるが、一番身近に使う機会が多いのは週間パスのNavigo Semaine（ナヴィゴ・スメーヌ）。

利用日➡　　　月火水木金土日
購入日➡金土日月火水

週間パスの使用期間は月曜から日曜。購入は前週の金曜から、その週の水曜まで。つまり、水曜にチャージ（又は新規購入）した場合。水・木・金・土・日の5日間しか使えない。最も有効な購入日は月曜日。日曜に使い切れば1週間丸々フリー。そこで、気になるのが出発日と言うワケ。慎重に選んで決めたいところだが、ナヴィゴにとらわれ過ぎて高額な料金の出発日を選ぶのは本末転倒。安い航空券を買って、浮いた分で交通費を補うという手もある。有り余るお金で自由を買う旅をする余裕は無い。色々な情報を入手して、知識や工夫を凝らして料金的に納得のゆく航空券を買う。それがまた、面白い。

ナヴィゴ・デクヴェルトは、初回時に写真1枚（大きさ3×2.5cm）とカードのケース料金として5€が必要。

週間パスのチャージ料金は22.80€（2019年）。何回でもチャージ出来て、有効期限は最後にチャージしてから10年間。パリを移動するための割引切符には日本人に一番有名なカルネ（Carnet）もある。10枚セットで買って、14.90€（2019年）。改札を通る度に1枚ずつ使用。注意すべきは、出口を完全に出るまでは捨てられないこと（たまに検札がある）。10枚を数人で分けて使うも、数回にわたって使うも自由だ。

その他の便利切符としては、Mobilis（モビリス）がある。使用年月日と名前を記入し、1日に限り自由に何回でも使える。カルネと同じ大きさの切符で、何度も使用するので取り忘れに注意。海外からの旅行者が使えるPARIS VISITE（パリ・ヴィジット）は1～5日と日数が多くなるにつれて、お得になる設定。全体的に割安感が少ない代わりに、凱旋門やディズニーランド・パリ等の入場料割引がある。

【2】宿
2-1 アパルトマンが気に入っている
定年退職して、パリへの旅がより自

週間パスを購入する時のフランス語（カタカナ発音 OK、又はメモ書きで）
《Navigo Découverte Semaine, s'il vous plait.》
（ナヴィゴ・デクヴェルト・スメーヌ・シル・ヴ・プレ）

由になってから、宿はいつもアパルトマン（appartement）。ピカソやロートレックがお茶をしたレトロなカフェや小さな手芸屋さんでしか手に入らないビンテージのボタンやレース。数百年もの歴史がある教会では、モーツァルトが演奏した場所で今でも音楽会が催されている。一度に全部は無理だけれど、ツアーでは行かない所ばかり。そのためのアパルトマンと言いたい所だけれど。

　一番の理由は食事。朝・昼・夕が外食って、お財布にもお腹にもキビシイ。年齢を重ねて美味しく食べることに拘るようになった。量の多い食事で常に満腹では仕様がない。そこで、朝ご飯はパリっ子のようにバゲットとコーヒー。果物やヨーグルトもちょっと添えてみる。一日のど真ん中。歩きまくってお腹が一番空くランチの時は優雅にたっぷりのコースで。夜はスーパーやマルシェで買った食材で軽く夕食を作ってみる。私にとってのアパルトマン選択は、こんな事情。

　調理器具の他に食器も揃っているのがアパルトマン。日本で暮らしているように、食べて飲んでが自由に出来る。本格的に料理をする必要は全くナイ。歩き回って疲れているのに、手の込んだ料理やりますか？　って話。パリならではの食材を楽しみながら作るのがコツ。例えば、初夏の八百屋の店

頭に盛大に積み上げられる大きなメロン（夕張メロンに近い）。それを包丁で切り分けて食べるだけでもいい。インスタントだけど温かいスープが飲めたり、パン屋さんで買ったキッシュをレンジで熱々にして食べたり。お茶のお替わりは好きなだけ。それが楽しめるのは、アパルトマン。欲張って鳥の丸焼きを買ったら、温めて・焼き直して・ほぐしてサラダで・スープに入れてと、最後まで使い切ったりするのも楽しい。

　すっかり気に入っているアパルトマン暮らし。問題が全く無いわけじゃない。第一の関門は水。料理やお茶にと、すぐに無くなってしまう。買う時にはズッシリと重いのに。次はトイレットペーパー。アパルトマンには最初に一巻程度用意されているだけ。到着した日は凌げるけれど、翌日からは自前で買わなくてはならない。水と同様に嵩張るが、ペーパータオルの代わりに使えるから大きい袋を一つドンと買ってしまう。

　これらの日常品は、パリのあちこちで見掛ける franprix（フランプリ）や Carrefour（カルフール）等のスーパーで手軽に安く買える。し・か・も。スーパーには旅人だけの楽しみも、アリ。お宝を探すようなお土産探し。エシレのバター 250g が 4 € 前後（2019年）。日本で買えば 2,000 円もするの

に！　紅茶と言えばイギリス？　いやいや、フランスも負けていない。パリ・ブランドの様々な紅茶が揃っている。バターの風味豊かなクッキーやカカオに拘ったチョコレートもキャリーケースに余裕があれば隙間に詰めておきたいお土産の一つだ。

スーパーの魅力は滞在中の暮らしでも発揮する。フランス産のアメリカンチェリーはフレッシュで味が濃い。冬になってアフリカから入荷するライチは瑞々しく、ヨーグルトやチーズは牛乳の旨味たっぷり。フランスの有名なブランドのシャロレー牛（Le Charolais）。それがスーパーで手に入る。驚きだ。日本でも最近人気の赤身肉。柔らかくないが、噛めば噛むほどに美味しさが口に広がってゆく。野菜は新鮮な上に安いのは、さすが農業大国。買い過ぎには注意だ。

パリの、そしてフランスの美味しさを更に求めるのなら。マルシェと呼ばれる青空市場がいい。農家から届いたばかりの、飛びっきりの新鮮さがウリ。いつ見てもワクワク。おもむろにエコバッグを取り出して、好きなモノを好きなだけ買う。それも、アパルトマンならではじゃないかな。

2-2　アパルトマンを探す

なるべくロスのない動線で効果的に移動したいから、アパルトマンの立地には少し拘る。動き回るに一番便利はメトロ。14本の路線が縦横無尽に走る、パリ。駅から徒歩５〜６分。遠くても 10 分以内がベスト。マルシェの買い物で荷物が重くなったり、一休みしたい時等にもサッと戻ることが出来て便利。健脚だったら、15 分でも悪くないか。

安全性を考慮して、パリ 20 区の何処に束の間の休息地を求めたら良いのか？　今までに 4 区、7 区、13 区、15 区、17 区、18 区等に宿を取ったが、どこも快適で不安感は無かった。盗難が多く安心して歩けないと日本で評価されている 18 区も、バゲットコンクールで優勝した美味しいパン屋さんがあったりする。パリは常に少しずつ変わってゆく。中央から裾野へと人々が移動し、同時に色々なお店が追従するように増えて行く。ただし、スリに注意はパリの何処を選んでも忘れてはいけない。

2-3　アパルトマンを選ぶ

アパルトマンを選ぶ時のポイント。それはホテルと多少違う点が幾つかあること。今までの経験から、注意すべき点をまとめてみれば。

①パリには日本人経営のアパルトマンがある。困った時には日本語で相談出来る。それが一番のメリット。更に日本への（固定電話に限られるが）電

話が無料の場合もあるので便利。ホテルタイプのアパルトマン（日本語はまず通じない）はフロント対応が24時間であること。万全では無い時もあるが、アクシデントに即対応して貰える可能性が高い。簡単な英語が出来る人向き。

　②パリのエレベーター。古いアパルトマンに無いのは、当たり前。薄暗い照明の下に古い螺旋階段が延々と続いていたりする。如何にもパリらしいけれど、重いキャリーケースを持って昇るか？（フランスでは「レ・ドショセ」又は「0」が1階。2階は日本の3階に当たる）エレベーターのアリ・ナシはチェックすべき。

　③日本人が好きな溜め風呂。バスタブ無しが多いのが、パリ。シャワーのみで、きちんと疲れが取れるか？　確認して納得だったらOK。

　④部屋の広さは値段にほぼ比例。キャリーケースを足元に広げっ放しが出来る広さがあればラク。二人の場合、最低でも20㎡以上は欲しい。

　⑤パリはアパルトマンに限らず、ダブルベッドの部屋が圧倒的に多い。一人の時は良いが、家族や友人と一緒の時はちょっと辛い。寝不足にならないようにベッドの台数には注意。

　⑥Wi-Fiやインターネットの設備を必ずチェック。完備している所は多いが、繋がりが良くない場合もある。パリ市内は日本ほどネット環境が良くない。部屋で自由にスマホのライン等が使えるメリットは大きい。駄目な時は無料の固定電話に頼る。

《アパルトマン・リスト》
＊日本人経営
　日本人が個人所有しているパリの物件を、管理会社に任せて短期貸しているケースが多い。宿泊料金が普通の3つ星ホテルと同程度でありながら（2名以上で割安になる場合も多い）日本語が通じる。今までに利用した4社を表にしてみた。

　その4社の他に、デコラージュ（ツアーデスク）がある。実際に利用していないので一覧表に入れていないが、保有している部屋数が38室と最も多い。部屋はかなり広めで（35㎡～240㎡）、設備もネットで見る限り綺麗で充実。全体的に宿泊料金は高めだが、家族3人以上で利用するならば安上がりになるケースも。

　＊アパルトマンタイプのホテル
　ホテルなだけにフロントには24時間、係が常駐。タオルやアメニティ等の備品も揃っている。少しでも英語が出来なければ、何か問題が起きた時に不自由。それだけが難点。今までに宿泊したのは、チェーンホテルで2箇所。

　一つ目は、日本にもあるアパルトマンタイプのホテルCitadines

Austerlitz Paris（シタディーン・オステルリッツ・パリ　13区）。オステルリッツは駅名。冷蔵庫が大きめでコンセント多し。バス・アメニティ等は完備。キャセロールの鍋をうっかり割ったが、代わりをスイっと出してくれたのには感激。

もう一つは、モンマルトルにある、Adagio Paris Montmartre（アダージョ・パリ・モンマルトル　18区）。サクレクール寺院が直近で、小路の奥にある静かなホテルだった。シーツ交換等はフロントに申し出れば可能。帰国直前にバスタブが故障。頑張って交渉して、空室のバスルームを使わせて貰うという事件あり。あまり治安が良

くないと評判のエリア。

一度メトロの中でスリと遭遇。被害無し。貴重品を見せない等の自己管理が必須。日本人と言うだけで狙われる可能性もあるので、必要以上に用心するに越したことは無い。

【3】スケジュール

まずは、行きたい名所や美術館、ゲットしたいお土産を売るお店等の情報を色々と集めること。次に日程に合わせてスケジュール表を作る。その表にあれやこれやと詰め込んで、パンパンに膨れ上がったら。穴埋め出来る場所を探して表の中をジタバタ動き回る。時には削ったり追加したり。自分の気

日本人経営アパルトマン　4社比較表（2019年現在）

	パリ生活社	パリ DE アパート	パリ・シェ・モア	セジュールアパリ
室数と宿泊	26室・1泊〜	11室・3泊〜	26室・3泊〜	25室・3泊〜
空室状況	サイトで即時に判明	サイトで即時に判明	メールで問合せ	メールで問合せ
宿泊料金	2名以上で割安に	+2,000円で1名増加OK	+15€で1名追加OK	部屋単位での料金
日本への固定電話	無料	1分の通話で1€	無料	原則的に無料
リネン類	有料	有料	1セットのみ無料	無料
日本事務所	あり	あり	あり	あり
電話	03-3238-5377	03-5962-7717	090-6369-3939	03-5775-2032
備考 ＊主に注意すべき点について記述している。チェックインやチェックアウトの時間、宿泊中のマナー等の詳細は必ず各会社のサイトで確認すること	＊エレベーターの無い部屋は有料で荷上げサービスがある（滞在中も毎日階段の昇降があることを考慮する）＊観光ツアーの紹介（現地の会社を利用）	＊現地での入居立会い料金が別途必要 ＊パリ事務所には日本人スタッフが24時間待機 ＊日帰り観光等のオプションあり	＊宿泊料金はシーズン別に3段階（A、B、C）＊有料で清掃サービスあり ＊空港への送迎や観光のオプションあり	＊宿泊料金はシーズン別に2段階（H、R）＊他社と比較して割高感があるが、備品充実（水・紅茶等用意されている）ので初心者向き ＊観光の他、滞在中の各種相談に応じてくれる（緊急時の対応24時間）

が済むまで、何度も何度も書き直す。手軽に修正や追加が可能なパソコンは便利だが、じっくり楽しむのならば手書きもまた、上等なやり方だろう。書いて、消して、また書いて。繰り返しながら、パリへの期待を膨らませてゆく。それもまたいいなと思う。

《スケジュール作成のポイント》

＊効率の良い情報検索

日本語での情報が欲しい時は、フランス語の後に日本語でパリやフランスを加える。そうすれば日本語の現地情報が手に入ることが多い。

＊パリの営業時間に注意

個人商店は稼ぎ時の日曜日に休んでいたり、スペインでシエスタと呼ばれる昼休みがあったりする（11:30 ～ 15:00 の間の数時間）。最近のデパートは日曜営業を始めたが、開店時間が平日よりも遅い。マルシェへ行く時は、月曜日を避ける。

＊情報を事前に入手

効率良く移動するために、日本を出る前に訪問先のアドレスを調べておきたい。レストランだったら、ほぼトリップアドバイザーのサイトが旅人に必要な情報を備えている。店名の下に住所と電話番号。少し下がって、料理や店の画像。横にはマップや営業時間。

予約が出来る時もある。最後には実際に訪問した人達の評価付き。自分に合っているかどうかが、参考に出来る。

スケジュール表を作る時に手に入れておきたいのは、パリ全体を大きく見渡せる一枚のマップ。レストランガイドで有名なミシュラン（Michelin）のパリマップだ。日本でもアマゾン等で気軽に手に入る。便利で頼りになる地図。

史跡や美術館は当然のことながら、このマップにはパリのどんな小さな通りでも表示されている。本当にどんな小さな通りでも。メトロや近郊を高速で走る RER の駅等も完備。車の運転をしないから、大きな道路でも一方通行の所が実に多いことに最近になって気が付いた。バスに乗る時に役に立つ。タイヤ会社のマップだから当然と言えば、当然だったが。

マップを手に入れたら、次は目的地の地番を読み解く。と言っても実に簡単。パリの構造はとても分かり易く、単純明快だ。市内は大きく 20 区に分かれ、番地は片側が偶数で反対側は奇数。地番は昇順（若しくは降順）になっている。メトロの駅を的にして歩き出せば、まず間違うことがない。それでも面倒だからと適当に歩き始めて、迷子になってもご愛敬。気楽に行こう。

Michelin PARIS Plan No.54（2015 年版）

市内地図

メトロ路線図

注：現在は「Michelin Paris Plan 54」は改版され 2017 年版が出ている。Tourisme 52（観光版）や Laminated（ラミネート加工版）もあり、アマゾンにて 700 円前後（送料別）で購入出来る。

パリのアドレスを読み解く

パリで一番美味しいと評判のアイスクリームの老舗
『Berthillon』（ベルティヨン）は
29-31　Rue Saint-Louis en l' Île 75004 Paris
　↑　　　　　↑　　　　　　　　　↑
29-31 番地　サンルイ通り　パリ 4 区（75 はパリ市内を表示）

パリの主な道路標識

Avenue（アヴニュ）
並木がある大通り

Rue
一般的な通り
（街中で一番目にする）

Place
広場
（メトロホームの案内板の表示）

始動！ アパルトマン生活

＊パリ到着
＊空港から市内へ
＊ Navigo（ナヴィゴ）をチャージ
＊メトロで移動
＊アパルトマン着
＊夕食 『EATALY』（イータリー）

16:50 ─────

羽田から約12時間飛び、予定よりも少しだけ早く Aéroport de Paris-Charles-de-Gaulle（パリ・シャルル・ド・ゴール空港）に到着。腕時計をパリ時間に設定する。入国検査を通り、預けたキャリーケースが出て来るのを待つ間に電話。アパルトマンの現地担当者に到着連絡をするのが、パリでの最初の大事なミッション。この電話を受けて、担当者はアパルトマンで待機。連絡後、キャリーケースを引きながら出口へ。到着ロビーを見渡せば、またまた前回と様子が違っていた。ここ数年、空港は変身中なのだ。いや、それを言うならパリ全体か。

空港からパリ市内へ。以前はエールフランス・バスと呼ばれていた LE-BUS DIRECT（ル・ビュス・ディレクト）をいつも使う。↓のマーク（日本だったら下を示すがフランスでは直進）に従って、出口32番から出ると目の前がバスターミナル。この出口だけは数年来変わっていない。

ターミナルの先にはパリの市バス Roissy Bus（ロワシーバス）が止まる。その他に電車でパリに入る方法もあるが、空港からほとんど歩かずに手ぶらでパリ市内へ運んでくれるル・ビュス・ディレクトが一番ラクだ。いつものように空港とパリ市内の往復乗車券をクレジットカードで買おうとして、初めて失敗。何故かは分からない。カードの決済端末機がうまく反応しなかった。こういう時のために予め少額のユーロを用意しておく。往復で32€（2019年）。初めてプリントされた切符らしきモノを受け取る。

32番出口

ル・ビュス・ディレクト
待合室

18:00

珍しく渋滞も無く、Arc de triomphe de l'Étoile（凱旋門　8区）に約1時間で到着。次のセッションは本日（月曜日）からメトロに乗るための Navigo（ナヴィゴ）をチャージ。実は出発の1か月前に坐骨神経痛を発症。薬で痛みを取った直後のパリ行き。ゆっくり、ゆっくり階段を降りて窓口に到着。料金は前回と同じ 22.80€（約2,900円 2019年）。ナヴィゴを手に入れて、恐いものなしになった気分。これからの1週間、メトロ・バス・RER（高速郊外鉄道）が乗り放題。

今回のアパルトマンは二度目の Marais（マレ　パリ4区）。メトロ1号線の Saint-Paul（サンポール）を降り、歩いて向かう。到着して。パリ生活社から届いたメールを見ながら、玄関コードを押して中に入る。パリはどんなに古い建物でも、玄関にはコード番号を入力して開錠する装置が付いている。建築物の改造には煩いパリだが、便利で安全であれば許可が出るのだろう。部屋では予定通りに今回の担当Sさんが待っていた。簡単な挨拶の後、部屋に置いてある取説を見ながら説明を受ける。そのポイントを幾つかメモしておいた。

最後に部屋のドアの鍵を確認。古いアパルトマン特有の、癖のある鍵に付け替えられていた。何故、古いタイプ

に？　やり方は、一度グルリと廻す。二度目はちょっと手前に引いて、扉を押す。Sさんとコツを飲み込めるまで練習すること4、5回。しっかり確認して、安堵した。

①照明スイッチの箇所を確認

②バスルームの使い方（普通に暮らすアパルトマンなので、深夜の入浴は避ける・お湯は今回タンク式なので無制限ではない）

③Wi-Fi の設定（担当者Sさんに教えて貰う）

④キッチンの使い方（レンジと洗濯機、難しくないが日本と少し違う）

⑤トイレの使い方（日本とほぼ同じ）

⑥ゴミの分別（日本とほぼ同じ）と捨て方、収集場所の確認

20:00

アパルトマンの玄関先でSさんと分かれて。はて、夕食は？　スケジュール表に書き込んだのは EATALY（イータリー）。既に日本に数店舗あり、本店はイタリア。パリに初上陸の今話題のレストランだ。比較的安全な4区。しかも徒歩10分以内。5月の外は夜の8時過ぎでも明るい。出掛けよう。

レストランと言うよりも、イタリアがそっくり収まっているイータリー。

室内

キッチン

バスルーム

アパルトマンの門扉を開ければ
中には広々とした庭

風情のあるパティオと給水栓

1階はスタンド式。2階は様々な食材と調理器具のコーナーと、椅子に座って食べるテーブル。食べて飲んで、お喋りに余念の無い人々で店内は賑やかさを通り越す騒ぎだ。ぐるりと回って歩いて、予約の無い客の行列に並んでみた。立札には20分待ちとあるが、一人でカウンターだったら座れそうだ。試しにサービスの女性に声を掛ける。即、席にありついた。

注文したのは、魚介類のパスタとミネラルウォーター。哀しいかな、ワインの国に来てドクターストップのためにお酒が飲めない。15分ほど待って運ばれたパスタは魚介類の筈だが、烏賊（いか）

だけ。しかもパスタは指2本分も入ろうかと言う太さ。しまった！ スパゲティにするべきだったと気付く。

美味しさは？ ゆるゆるのパリ風と較べれば、ちゃんとアルデンテがある。ごく普通に旨い。だが、パスタとミネラルウォーターで約3,000円。日本で同じお金を出せば更に具沢山なスパゲティにありつける筈。ショーケースに並ぶイタリア産のチーズやハム、肉類も、パリにいれば決して勝るとも劣らないフランス産の品々が手に入る。ワインにしても然り。イタリアンに拘るのなら別だが。こういう風景を見ると、パリっ子は本当に新しモノ好きだなと

思う。

た。

　お店の雰囲気は良好。ピザは本格的にナポリ風の窯で焼く。量的にはやや多いが、食べ切れないほどではなかっ

　残したガラス瓶入りの水は持ち帰りOK。部屋で紅茶が飲めると思うと、ちょっぴり嬉しかった。

イタリアがぎゅっと詰まった
EATALY

ピザは本格的な石釜で

リガトーニ

往復チケットを買う時の簡単なフランス語
Aller-retour, s'il vous plait.
（アレルトゥール、シル・ヴ・プレ）

クレジットで買うバスの往復チケットは
スーパーのレシートのようなペラペラな紙。
往復で使うのでうっかり捨てないように注意!!

Billet（切符）
Aller-Retour（往復）◀
Adulte（大人）

2日目
歩き始めは世界遺産

＊世界遺産　『Arc de triomphe de l'Étoile』（凱旋門）
＊昼食　『MINI PALAIS』（ミニ・パレ）
＊散策　Rue Saint-Honoré（サントノレ通り）
＊『fnac』（フナック）音楽会のチケット購入
＊Forum des Halles（フォーラム デ アール）

4:30 ─────────────

　時差ボケか、超早過ぎる目覚め。起き上がり、忘れないうちにと昨日のメモを取る。次、本格的に荷物を解いた後は無料の固定電話で家族と会話。時差は7時間。向こうはお昼。電話の掛け方はアパルトマンの取説にもあるが、念を押すようにスケジュール表の隅にもメモっておいた。

　朝食は昨晩近くのパン屋で購入。大概のアパルトマンにはパンを焼くトースターが無い（レンジも温める機能のみ）。以前、友人がヒーターの上にアルミを敷いて弱い温度で温める方法を考案。それ以来、アルミは忘れずに荷物の中に忍ばせている。目を離すと焦げてしまうので注意が必要。

8:00 ─────────────

　まずは必需品の買い出しに出発。アパルトマンの斜め前にあるパン屋

Boulangeries Saveurs de Pains は、夜にはパンがほぼ売り切れてしまうお店だ。バゲットコンクールに入賞しなくても、美味しいお店がパリには散在している。昨夜に続き今朝もまた覗いてみる。いちじく入りのクッペと焼き立てクロワッサンを買って、一口頬張った。旨い！

　パンの紙袋を片手にスーパーfranprix（フランプリ）に向かう。開店時間の8:30に少し早いが、既に中には客がいた。手始めにトイレットペーパー4巻入りとミネラルウオーター1.5ℓ、紅茶にりんご2個。お土産用のコーヒー1缶もゲット。持ちきれないので、お店のエコバッグも買った（0.60€　2019年）。

　前回もお世話になった、このスーパー。早速に、気になる棚をチェックする。宝物探しのように楽しい。例えばリプトンの紅茶 LADY LIPTON は、ベルガモット系の香り立つアールグレイ。ティーバッグにしては秀逸。

朝の買い物

お土産第１号のコーヒーは Malongo（マロンゴ）。日本では見かけない BIO（自然農法のコーヒー豆）250g が 4.42€。約600円は安いと即買い。コーヒー好きの家族に。

　歩き始めの今日。パリが初めての友人を案内するとしたら、と考えて。真っ先に浮かぶのは３大名所の凱旋門、エッフェル塔、ノートルダム大聖堂。市内を見渡すには絶好の場所ばかり。一昔前は何処も何の苦労も無く入場出来たが、最近では長蛇の列が当たり前になった。特に、ノートルダム大聖堂の塔とエッフェル塔の行列は呆れるほどだ。そして Arc de triomphe de l'Étoile（凱旋門）でも、ほぼ同様の体験をしている。今回もどうせと、諦めかけた時に優先入場チケットの存在を偶然ネットの VOYAGIN（ボヤジンアジアを中心に個人旅行をサポートする楽天のグループ会社）で発見。しかも 16％オフ。団体扱いのチケットをバラして個人に販売するサイトの存在は知っていたが、試したことは無かった。早速、日本で予約。果たして、その効果は？

9:15 ━━━━━━━━━━━━━━
　予約済みのプリントを手に、10時から入場出来る凱旋門に向かって出発。アパルトマンからメトロ１号線の駅 Saint-Paul（サンポール）まで徒歩５分。降車駅は Charles de Gaulle-Étoile（シャルルドゴール・エトワール　凱旋門）。乗換なしの一本。早速、ナヴィゴを使って乗り込む。車内は９時過ぎでガラガラ？　と思っていたら意外に混んでいた。凱旋門に到着した時点で入口に約20名の行列。入場チケットを持ち、その脇を通り抜けて専用の入口へ。並ばずにスイスイ行けるのは、ちょっとした感動。手荷物検査を終えて一歩中に踏み込めば、目の前には一人歩くのがやっとの螺旋階段。エレベーターもあるが、（予防で湿布を貼ってはいるが）後で足が痛くなるのを覚悟して上る。284段まで来て、広々とした中２階のお土産のブースに出た。

　更に最上階のテラスへ行くには自分の足しかない。息を切らして上ってみれば。パアッと開けた視界にパリ市街。上天気で良かった！　グルリと四方を一回り。心持ち空気がうまい。ここから観る夜のエッフェル塔のシャンパンフラッシュは美しいと言う。また来ようか。

　帰りはお土産売り場をサラリと覗き、その階からエレベーターで下まで降りた。時間的には少し早いがランチのお店へ向かう。凱旋門を背にシャンゼリゼ通りを真っ直ぐ走るバス、73番に乗車。停留所のお向かいは1847年創業の宝飾店 Cartier（カルティエ　8区）だ。

凱旋門

まるでエスカルゴ！

らせん階段

テラスの眺め

11:15 ————————————

多少渋滞しつつ、約15分でChamps-Élysées-Clémenceau（シャンゼリゼ・クレマンソー）に到着。バスを降りて、目の前にはPetit Palais（プチ・パレ　8区）とGrand Palais（グラン・パレ　8区）。この親子のようなPalais（宮殿）は1900年のパリ万博の時に建設された。その役割を終えた後は、主に美術館としての役割を担っている。×××美術館と名前が付いていないので長い間見逃していたが、常設展の他に特別展を催すことがある。今年（2019年）のグラン・パレの特別展は2月までマイケル・ジャクソン展をやっていたらしい。目が離せないグラン・パレとプチ・パレだが、今までじっくりと眺めたことがない。お昼のレストラン MINI PALAIS（ミニ・パレ　8区）の入口を探しがてら、ぶらぶらと周囲を歩いてみることにした。

世界遺産に登録されているグラン・パレとプチ・パレは鉄とガラスを使った近代建築。その美しさに見とれつつ、ぐるぐる歩いて回ってレストランに辿り着いたのは30分後。入口は階段を上った先にある。店内は全くのガラガラだった。そう、パリのランチタイムは12:30頃から始まる。予約無しの時は遅くても12:00ぐらいに来れば、席にありつけることが多い（超人気のお店は無理な時もアリ。団体客がある時も同じく）。まだ誰もいない広々とした店内を通り抜け、晴ればれとしたこんな日はテラスに。

今日のランチをミニ・パレに決めたのは日本を出る、ほんの数日前だった。前回の旅で満席と断られたLa Poule au Pot（ラ・プール・オ・ポ）を狙っていたものの、直前で迷う。通常déjeuner（デジュネ　ランチ）の定食は前菜＋メイン又はメイン＋デザート。トリップアドバイザーで画像を再度チェックしてみれば、一皿の量がたっぷりだった。シェアをする相手もいない今回はパスした方が無難と考え直し、

辿り着いたのがこのお店。

　天井高く広く取った空間は、レストランと言うよりも大食堂的。だが室内に漂うのは大人な気品と清潔感。お一人様でも断られる気配は全く無い。2年前に友人と訪れた Le Wepler（ウェプレール　18区）もそう。100年以上の歴史がある老舗。ロートレックやヘンリー・ミラーが頻繁に訪れたお店だが、歴史の重みを感じる店内では気持ちの良いサービスで気楽に食事を楽しめた。魚介類で有名な Place des Ternes（テルヌ広場）の Brasserie Lorraine（ブラッスリー・ロレーヌ　8区）や伝統的なフレンチの Allard（アラール　6区）等もいずれは訪れてみたいレストランだ。

　基本的な料理は高級ホテル Bristol（ブリストル）のシェフが監修なので、大きく外すことはないだろうと見当をつけてある。年中無休で10時からノンストップの営業は時間に縛られたくない旅人に便利。ただし、ランチタイムは 12:00 から。

　暫くすると、サービスの Monsieur（男性に声を掛ける時に便利なムッシュ）がやって来た。置いて行ったメニューをゆっくりと見る。英語表記があるのは嬉しい。メインに Fish & Chips。デザートに Raspberry and coconut sorbe（ラズベリーとココナツのソルベ）を選んで待つことにした。

　料理の前に、真っ先に運ばれて来たブリオッシュ。事前にネットで注目したのはコレ。食べてみれば、ふわっふわっとした食感がいい。塩気がやや強いが、お代わりしたいなと思うぐらい（最後まで一個だった。頼んでみれば良かったか？）。次はメイン。ありゃ〜、本当に魚がドンと一切れにポテトフライのみ。

　タルタルソースだけで最後までいけるかと思った魚を完食。癖のない味に食感がややしっかりしているのは鰆さわら？　パリで食べるポテトフライは実に美味しいが、さすがに食べ切れなかった。あまりのシンプルさに、デザートはラズベリーにココナツのソルベだけじゃあるまいなと思っていたら、その通り。真っ赤なラズベリーと白いメレンゲを頭に載せたソルベ。簡素にお皿の中に納まっている。スッキリと計算された美しさと抜群な鮮度。だが、同時に頭に浮かんだのは Le Comptoir du Relais（ル・コントワール・デュ・ルレ　6区）の赤いフルーツのデザートだ。うっとりするような華麗な盛り付けと美味しさのハーモニー。

　ミニ・パレや Le Wepler（ウエプレール）は予約無しでも気軽に入れるが、基本的には伝統的なフレンチを提供する老舗。だが最近のトレンドは、著名なシェフが開くビストロにあるようだ。コンセプトは気楽に。そして、

レストラン「ミニ・パレ」

広々としたテラス

これが期待の
ブリオッシュ！

より美味しいものを。その先駆者的な
お店がル・コントワール・デュ・ルレ。
　ここに限っては、ランチの予約は要
らない。いや、取れない。行列して順
番を待つのみ。初めて訪れた時には
15分ぐらいで席に着けた。そして味
わった料理の素晴らしさ。前菜に頼ん
だパテは食べ放題。野菜たっぷりのラ
ム肉はフォークで崩れるほどの柔らか
さ。ライ麦のパンをつい食べ過ぎても、
デザートは最後の一匙も残せない美味
しさ。お一人様も、勿論アリ。
　ル・コントワール・デュ・ルレは
Yves Camdeborde（イヴ・カンドゥ
ボルド）が始めたビストロ。3つ星レ
ストラン La Régalade（ラ・レガラー
ド　14区　閉店）のシェフだった人。
現在は移転して Rue Saint-Honoré（サ

ントノレ通り　1区）に同名のビスト
ロをやっている（ここは予約要。2018
年予約無しで訪問。満席で断られた）。
同様に手広くやっているのが Alain
Ducasse（アラン・デュカス）。最年
少でミシュランの3つ星に輝いた伝説
のシェフは日本びいきで、東京に手軽
な値段でフレンチが楽しめるビスト
ロ Benoit（ブノワ　表参道）を開い
ている。パリ1区の大型ショッピン
グセンター Les Halles（レ・アール）
の中にも気軽に使える Restaurant
Champeaux（レストラン・シャンポー
1区）を始めたが、やや高めの値段設
定で料理にも意外性のあるアレンジを
加えていた（予約は不要、お一人様
OK）。

ウェプレール　　　　　シャンポー　　　ル・コントワール・デュ・ルレ

13:00————————————

　食べ終えて、次に向かうは Église de la Madeleine（マドレーヌ寺院）のすぐ近くに出来たインテリアショップの IKEA（イケア　1区）。出発直前にパリ中心部での開店を知る。自分で組み立てる・運ぶから安い家具達。JAPAN テイストとは違うデザインと色使いが独特だ。ファッションのコンセプト・ストアで超有名だった COLETTE（コレット　1区　閉店）の元ディレクター、サラとコラボした商品を置いてパリらしさを演出と言う。が、その前に……。

　マドレーヌ寺院の裏手には、日本人にも馴染みのある FAUCHON（フォション　8区）の本店がある。5年ぶりに訪れた時には食品売り場が大きく変貌していて、目を瞠った。オリーブオイルや塩、香辛料、缶詰のフォアグラ等々。まるでデパ地下のような品揃えを色（黒とピンク）とディスプレイで効果的にイメージアップ。本店の右脇にはカフェとお惣菜を売る店まで構えて、食に関わるエリアを凌駕する勢

いだった。そして 2018 年9月。ホテルにまで手を広げた。食に拘りがあるだけに、部屋にはグルメバーがあると言う。アメニティも超高価なブランド。2020 年には京都にも同様のホテルが建つらしい。

　マドレーヌ寺院の周囲には他に幾つかの老舗が並んでいる。1932 年創業のトリュフ専門の老舗 Maison de la Truffe（メゾン・ド・ラ・トリュフ　8区）はビストロを併設し、店頭で試食を配っていた。1854 年創業の老舗も老舗のエピスリー Hédiard（エディアール）は閉店したらしく店舗も見当たらない。その代わりでもないが紅茶の老舗 MARIAGE FRÈRES（マリアージュ・フレール　8区）が目に入った。今ではパリのあちこちで普通に見掛ける。1927 年創業のキャビア専門店 Caviar Kaspia（キャビア・カスピア　8区）は変わらずに健在だった。

　マドレーヌ寺院の正面まで戻って来て。Boulevard de la Madeleine（マドレーヌ大通り）を渡った左手に、黄

イケア Paris
マドレーヌ店

色と青の見慣れた看板のイケアが見えている。スペースの広さや品揃えは？ついでにお土産になるような小物は？とウキウキ。インテリア好きの虫が起きた。

全体を見渡して。郊外の大型店舗と比較するのは無理。品揃えは悪くない。例えばキッチン。コンロが２口、小さめのシンク、オーブン、温かみのある木製の天板の下には収納。独身又は二人暮らしの家族向けで、227€（2019年）。小机にもなりそうな木製のステップ台は29€。組み立て式で持ち運べる。この他に色鮮やかなカトラリーや食器・照明・リネン類・クローゼット・観葉植物等々。軽食コーナーもあるらしいが、気が付かなかった。例のコラボ商品も見掛けなかった。新しモノ好きのパリっ子に持っていかれたか。

イケアを出て、マカロンが美味しいLadurée（ラデュレ　８区）まで戻って来た。パリ初のサロン・ド・テとしての歴史を感じさせるレトロな本店が、２年前に行った時には大変身。販売の

ブースとサロンがそれぞれ独立した別棟になり、シャンゼリゼ通りには大型のカフェを。フォション同様に意欲的な展開。最近のパリでは、こうした老舗の変身が続いている。ラデュレはパン屋のチェーン会社に買収され、新しい風が吹くようになったらしい。

ラデュレの脇を回ればサントノレ通り。誰もが知る、ブランド通りだ。LONGCHAMP（ロンシャン）、VALENTINO（ヴァレンチノ）、MaxMara（マックスマーラ）等。ニューヨーク・ブランドのKATE SPADE（ケイト・スペード）は２年前にやって来た新人さん。軽やかなデザインと色使いにちょっと魅かれた。その先で交差する Rue Saint-Florentin（サン・フロランタン通り）を数メートル行けば和菓子の TORAYA（とらや　１区）パリ店がある。

14:30 ───────────

「京都が本店やったのに、天皇はんに付いて東京に引っ越したんどすわ」と、京都のタクシー運転手さん。パリ

ラデュレ　　　　　　　　　TORAYA パリ

支店はどう？　と初めて訪れたのは２年前。今回は坐骨神経痛の足を庇って少し早いお三時に。

季節毎に顔ぶれが変わるお菓子からランチまで。ここに来ればイッキに日本。羊羹をイメージした横にデンと伸びる大きなテーブルを含めて、30人ぐらいのキャパ。パリ限定のレッドベリー羊羹は有名だが、欲張って和生菓子とみつまめを選んだ。お茶をプラスして 22.70€（約 3,000 円）。軽いランチの値段だなと頭の隅で計算。お高い。

籬の緑（店員さんに聞いた読み方はまがきのみどり）は求肥にこし餡を包んだ季節限定の和生菓子。文句なしに旨い。じっくりと味わいながら周囲を見渡せば。フランス人らしき女性がほとんど。静かに食べて、飲んで、語らっている。

今、パリは密かな和菓子ブームらしい。その人気ぶりが先日、日本の TV で紹介されていた。ハシリは４年前に訪れた WALAKU（和楽　７区）ではなかろうか。このお店のランチは、

お椀付きのお弁当。和食でミシュランの星を取ったあい田からの取り寄せ。それ自体わざわざ行くだけの価値があるが、最後のデザートは客の目の前でどら焼きの皮を焼くパフォーマンス付き。間に挟むのはマスカルポーネとスライスしたりんご。和洋折衷に旬の果物。そして熱々。これはリピありだと大喜びしたのも束の間。翌年には夜だけ営業のおでん専門の店に変わっていた。当時の和菓子職人の村田崇徳氏は現在、フランス人のパティシエと共に和菓子のお店 TOMO（朋　２区）をやっているそうな。次回のスケジュールに忘れずに入れておこうか。

とらやを出て、サントノレ通りを背にセーヌ川に向かって数分歩いてRue de Rivoli（リヴォリ通り）へ。この周辺にも新しいお店がどんどん出来ている。まずは EDWART（エドワート　１区）へ。開店から２年の早さで、パリの年に一度行われるチョコレートの祭典 Salon du Chocolat（サロン・デュ・ショコラ）で優秀賞を取った

Chocolaterie（ショコラトリー　チョコレート専門店）だ。

　あれは4年前の晩秋。まさにサロン・デュ・ショコラを目指してパリ行きを決めた。10月下旬から11月頭までの期間限定。チョコレート大好きは娘。イヴェントに大々の興味津々は私。意気揚々と出掛けた先はメトロ12号線の Porte de Versailles（ポルト・ド・ヴェルサイユ　15区）の国際見本市会場。幕張メッセや東京ビッグサイトをイメージしていたら、ほぼ近かった。駅を降りれば、女性は元より若い男性や親子連れがゾロゾロと。大勢の老若男女の後に付いて行けば間違いなしと踏んで、正解。

　会場の前にはロープに誘導された列が、グルグルとくねって長々と続いている。その中に日本人女性も数人。やがて開場時間になり、チケットを持っていない人の列が動き出す。あら、こっちの人達も走るんだと、その人気ぶりに驚く。入場までの時間を心配したが、約15分。手際がいい。入場料14€（2015年）。

　会場内はサッと一回りするだけでも30分以上は掛かる広さ。パンフレットで調べた出店数は約180店。パリの主だったお店は勿論のこと、スイスからは創業160年の Blondel（ブロンデル）等。日本からもショコラトリーの草分け的なテオブロマや九州のHakata 等々。意外だったのは製菓会社の明治と千疋屋。どこも試食満載。

　日本のサロン・デュ・ショコラはデパートの三越伊勢丹の主催で例年1月下旬頃に行われる。会場は東京を筆頭に札幌や京都等、数カ所。東京会場には二度ほど出掛けたが、パリに比べればかなり小さな規模なのに人混みは殺人的。そして、やたら高価。それでもバレンタインが近いせいか若い女性達がバンバン買って行く。呆れるほどの熱気だった。

パリ・サロン・デュ・ショコラ
パリ会場

上から下まで
チョコレート！

15:30 ————————

コンコルド広場を抜けた所から始まるリヴォリ通りは、アーケード街。その屋根の下には若干気楽なお店が並んでいる。道路を挟んだ向かい側はJardin des Tuileries（チュイルリー公園）。春には青々とした、そして秋には紅葉に染まる並木が美しい。ヴェルサイユ宮殿の庭も手掛けたルノートルの設計。クリスマスにはメリーゴーランドが設置され、子供たちの歓声が響き渡る。

アーケードをひと区切り過ぎ、ふっと振り返りざまに見上げれば、Twinings Tea Room（トワイニング・ティールーム　1区）が目に入った。誰もが知っている英国王室御用達の紅茶専門店。今まで気が付かなかったのは2階だからだろう。英語書籍を扱う老舗書店の上。どちらかと言えば紅茶党の私。カフェで一休みも出来る。機会があれば来てもいいなと思いつつ、先を急ぐ。

アーケードの屋根が一旦途切れた、目の前の小さな通りはRue Cambon（カンボン通り）。31番地にはCHANEL（シャネル　1区）本店。数あるブランドの中でもビッグ・ブランドの一つ。実際に買い物をした人のブログによれば、日本で買うよりも30%ほど安いのだそうな。元々が高価なわけで、結構なお得感があることだ

ろう。

カンボン通りを渡って、すぐ。エドワートのオレンジ色の看板が目に入った。間口は一間程度の小さなお店。店頭にチョコレート・ミキサーを置いているお蔭で、うっかり素通りしなくて済んだ。中には店員が一人。対応はとても良い。だが、アパルトマンのすぐ近く（マレ店　4区）にも支店がある。旅は始まったばかりだしと、可愛い箱を一つだけ買ってみた。

チョコをバッグに入れ、更に先へ。交差するRue de Castiglione（カスティリオーネ通り）の角には5つ星ホテルのMEURICE（ムーリス　1区）。新しく出来た、このホテルのお菓子専門のブティック。そして、その数軒先のLes Marquis de Ladurée（レ・マルキ・ド・ラデュレ　1区）へ向かう。

ムーリスでシェフ・パティシエを務めるCédric Grolet（セドリック・グロレ）氏のお店La Pâtisserie du Meurice（ラ・パティスリー・ドゥ・ムーリス　1区）も間口がとても狭かった。ガラス張りの扉を開けて中に入れば、奥に長く伸びるカウンターを挟み、接客スタッフは一人きり。他の数人は、こちらを見向きもしない。ショーケースの中には高価なケーキ。直径8センチぐらいのパリ・ブレスト、たったの一個が12€（2019年）。1,500円以上？　それでもお客のマダムはご

エドワート

レ・マルキ・ド・ラデュレ

購入の様子だった。庶民には縁がないと、何も買わずに即退店。

　セドリック・グロレ氏のお店から十数歩で、レ・マルキ・ド・ラデュレに到着。ここまで来れば、先程まで歩いていたサントノレ通りが目の前だ。とらやからここまでグルリとUの字に歩いて来たことになる。横長な店内には本店同様にアントワネット・ポワソンとのコラボ商品が溢れていた。色々と並んでいるマカロンの中から、このお店特製のチョコレートでコーティングされたマカロンを買う。1個2.60€（2019年）。老舗だが、この値段。エライ違い。食べるのが楽しみ。

　ささやかな買い物をした後はサントノレ通りに戻り、次なる目的地へ。目指すのは Place du Marché Saint-Honore（マルシェ・サントノレ広場　1区）。Place Vendôme（ヴァンドーム広場）のナポレオンが建てた円柱を横目に通り過ぎれば、やがて左方向に

ガラス張りの大きな建物が見えて来る。

16:00 ─────────────

　左右に分かれている2棟をガラスの渡り廊下で繋ぎ、屋根もガラス張り。差し込む陽射しが案外に明るくないのは曇天のせいか。その一角に美味しいエクレアのお店 Maison Pradier（メゾン・プラディエ　1区）がある。本店は1859年創業の老舗。ところが、お客が誰もいない。時間は午後4時。座って食べる所の椅子も片付けられている。CDG空港店で食べたタルトは美味しかったのに、この寂れ感は何故？　いずれ確認したいと思いつつ後にした。

　この広場に市場が出来たのは1810年。古い歴史を持つ屋内市場が20世紀になって建て替えられた。周囲にはカフェやレストラン、ブティック等が建ち並ぶ。次に向かうは、最近になって進出した MAISON PLISSON 2（メゾン・プリソン2　1区）。1号店は

3区。食のセレクトショップで、あっという間にBIO（有機栽培・無農薬）好きのパリっ子の心を摑んだ。日本のJETRO（日本貿易振興機構）のサイトにも掲載のお店だ。より広くなった2号店がこの広場に出来たと知って、わざわざやって来た。品揃えや価格はどんな感じ？

店頭のテラス席を抜けて店内へ。気楽に食事が出来るスペースには客が誰もいない。こんな曇天の日でも、みんな外のテラスが好きだ。奥には野菜売り場。新鮮ないちごやチェリーが溢れている。BIOなのだろう。全体的に高め。大好きなパテが100g 7€〜（2019年）。バターの棚にBordier（ボルディエ）を見つける。3.50€（2019年）は安いか？　ブルターニュ地方の新鮮な牛乳から作られ、世界中の高級レストランが使っているバター。日本で買えば1,500円前後。今までに何度か手にしているが、昨年Rue Mouffetard（ムフタール通り　5区）の老舗チーズ屋Androuet（アンド

ルーエ　5区）で買った時は2.85€（2018年）だった。もっとも他のお店では4€以上だったので、妥当な値段か。重さは125gしかなく、パリで普通に売られているバターの半量。美味しそうなチーズのコンテが100g3.90€。日本で買うよりは安いが、価格設定は100g単位。アンドルーエのようなチーズ専門店へ行けば1kg単位の表示。カットして貰って、好きなだけ買うことが出来る。お菓子コーナーには老舗のCHAPON（シャポン　本店7区）やÀ la Mère de Famille（ア・ラ・メール・ド・ファミーユ　本店9区）のチョコレートが並んでいた。他にもワインや惣菜等々。時間的に余裕の無い旅人が、質の良いパリ若しくはフランス土産を買いたいのなら。ここへ来れば一気に揃えることが可能だ。交通の便も悪くない。

メゾン・プリソン2を出て、数歩も行かない内に雨がザーザー降って来た。ガラス屋根の下まで戻って止むのを待つ。パリ特有の降ったり止んだりの雨。

メゾン・プリソン2　店内

やがて小雨になり、歩き出す。サントノレ通りに戻り、本日最後のショップ巡りはコーヒー屋さん。

この通りのほぼ中間地点の Palais-Royal（パレ・ロワイヤル）。その手前にあるコーヒー屋に到達するまでに、立ち寄ってみたいと思ったお店を幾つか手帳にメモ。BIO に力を入れているスーパー Carrefour（カルフール）、ノルマンディー地方で高品質のチョコレートを作っている Michel Cluizel（ミシェル・クルイゼル　1 区）、その真向かいの可愛いパン屋 Yannick Martin（ヤニック・マルタン　1 区）にも心惹かれた。トリップアドバイザーの評価は 5 段階の 4.5。価格が安めで美味しいが決め手のようだ。

交差する Rue des Pyramides（ピラミッド通り）を越えた地点に Sapporo、野田岩、幸修園と、日本料理店が 3 つも並んでいた。ラーメンに鰻、そして軽食を出すお茶屋。そうか、メトロのピラミッドやオペラ周辺には日本料理屋があちこちにある。確か書店のジュンク堂もこの辺り。

4 年前。アクシデントがあり、夕食を作るのが面倒になった日の夜。偶然、うどん屋の側を通った。店を珍しそうに覗き込むフランス人が 4、5 人。他に数人の行列。入ってみる気になった。SANUKIYA（さぬき屋　1 区）だから当然、塩味。醤油が好きだが、やや

満足。味噌にした家族は美味しかったと言う。店内は独特の日本風な造り。本場の四国を知らないので、それも面白かった。

3 つ並んだお店の端っこにある、有機栽培のお茶を扱う幸修園（こうしゅうえん　1 区）に入ってみる。軽食の他、お茶を使ったデザートが充実。2017 年にはフランスの美食ガイド Gault et Millau（ゴー・ミヨ）に掲載されたらしい。このお店も次回の旅リストに入れておきたい。

更に先へ行けば、コーヒー屋 VERLET（ヴェルレ　1 区）の看板が見えてきた。心なしか前回よりも広いことが、中に入って分かる。カフェ部分が広がり、ゆったりとコーヒーを楽しめるようになっていた。この店も、どうやらオーナーの交代があったらしい。創業家から引き継いだ新しい主は Duchossoy（デュショソワ）さん。彼が焙煎コンテストで 2 位だった時の優勝者が Verlet（ヴェルレ）さん。創業 1880 年の歴史を守りたかったのだろう。伝統を大切にする情熱。さすがにフランスか（コンテストについては全日本コーヒー協会 Web マガジンを参照）。

パリ最古の自家焙煎のお店と知って、昨年初めてコーヒー党の家族のために初めて訪れたヴェルレ。今回も、コーヒー発祥の地エチオピアのシ

焙煎コーヒーのヴェルレ

ダモ地区で栽培されている豆 MOKA SHIDAMO（モカ・シダモ）を挽いて貰う。紅茶派にとっては付け焼き刃のような情報だが、コーヒーの女王と呼ばれているフルーティな香りが特徴。再び購入して、250g 9€（約 1,200 円）は前回と同じ値段だ。

　最初にモカ・シダモと出会ったのは、古くはローマ時代から続くムフタール通りの近くにある Brûlerie des Gobelins（ブリュルリー・デ・ゴブラン　5区）だった。実際に訪れた時にはコーヒー業界の大手 Comptoirs Richard（コントワール・リシャール）のチェーン店になっていたが。それでも独自のブランドはしっかりと残っていて、それがモカ・シダモ。実際に飲んでみて、その美味しさに嵌った。

　コントワール・リシャールの創業は 1892 年。こちらも大層な老舗だ。お茶やコーヒーを卸しているカフェやレストランはパリ市内に約 7,000 店と言う。実売店舗も幾つかあり、7区の Rue Saint-Dominique（サン・ドミ

ニク通り）店ではコーヒー豆に限らず、紅茶、茶器、チョコレート等の菓子類の他にカフェも併設。5区の Rue du Cherche-Midi（シェルシュ・ミディ通り）店は一回り小さなスペースながら、品揃えは悪くなかった。両店共に苦さを 5 段階に分けて豆の数で表示しているので、コーヒー通でなくとも買い易い。

　ヴェルレにも紅茶や色とりどりの confiserie（コンフィズリー　砂糖漬けの果物類）等を置いているが、カフェでは軽い食事も可能だ。ケーキは Carl Marletti（カール・マルレッティ　5区）からの取り寄せ。オペラ座の脇にある 1862 年創業のレストラン＆カフェ Café de la Paix（カフェ・ド・ラ・ペ　9区）から独立したシェフ・パティシエのお店だ。コーヒーのブリュルリー・デ・ゴブランへ行くついでに、徒歩数分の距離にあるお店に向かった。スタッフは英語 OK で親切。お店の一番人気はレモンタルトだが、持ち帰りを考えて透明なプラケー

スに入ったパウンドケーキを一台買っ
てみた。数日後、日本で切り分けて食
べた時の美味しさは秀逸。

　ヴェルレの２階は、より広く落ち着
ける雰囲気らしい。チェックをする筈
が前回も、そして今回も忘れた。次回
こそ必ず。いや、美味しいケーキでお
茶をするべきだろう。

　本日午後の足取りは。マドレーヌ寺
院からサントノレ通りの約半分まで歩
いて、パレ・ロワイヤルに到達。ブラ
ンド通りとは言うものの、ビッグ・ブ
ランドはカンボン通りのシャネルと
ヴァンドーム広場の VUITTON（ヴィ
トン）ぐらい。ファッション・ブラ
ンドに関してはシャンゼリゼ通りよ
りもワンランク上を行く、Avenue
Montaigne（モンテーニュ通り）と同
じように考えていたら、肩透かしのよ
うな感は拭えない。

　パリでは年に２回（政府公認。夏は
６月末〜、冬は１月中間〜）大バーゲ
ンが行われる。正真正銘のバーゲンだ
から、前日まで正価で売っていた商品
を値下げする決まりだ。そもそもは
26 年前。本を書くための取材で行っ
た６月下旬、そのバーゲンたるものに
出会い、どこもかしこも SOLDES（ソ
ルド　バーゲン）だと驚いた記憶があ
る。

　気楽な一人旅を満喫した昨年の１
月。恒例の大バーゲンが頭に浮かん

だ。折角だからと行く先々でチェック。
デパートの Galeries Lafayette（ギャ
ルリー・ラファイエット）や Bon
Marché（ボン・マルシェ）等の他、
大小の様々なブランド店まで。やって
る、やってると、やや興奮気味で見て
回った。ビッグ・ブランドが勢揃いの
モンテーニュ通りにも抜かりなく出向
いたが……。

　凱旋門からコンコルド広場まで続
くシャンゼリゼ通りの中程、セーヌ川
に向かって伸びるモンテーニュ通り
の両側。GUCCI（グッチ）から始ま
り、RALPH LAUREN（ラルフ・ロー
レン）、YVES SAINT LAURENT（イ
ヴ・サン・ローラン）、PRADA（プラ
ダ）等々。これでもかと呆れるぐらい
にブランド店が並んでいる。凄いな〜
と眺めながら通りの最後まで来て。目

2018 年のバーゲン

ボン・
マルシェ

セリーズ
＆
ルイ

の前にエッフェル塔が姿を現し、驚いた。

一通り、各ブランドのお店を見て大バーゲンとは言え、値段を下げているお店は皆無だったと思う。何しろ買うのは勿論のこと、一軒も実際に足を踏み入れていない。玄関には黒服のガードマンが立ち、お客を品定めしているかのようだ。その威圧感にメゲルこともなく家族連れの日本人が入って行く。ある所にはあるんだなと感心はしたが。ブランド物に多少の知識があるのは洋裁を趣味にしているからで。エッフェル塔を眺めつつ、自分的には無縁の世界だなと思いながらバスを待っていた。

18:00 ─────────────

パレ・ロワイヤルからは再びバスで移動。本日の最後のミッションはコンサートチケットの確保。向かうは Les Halles（レ・アール）の fnac（フナック　１区）。日本の TSUTAYA 的な存在だ。

旅人が気軽にクラシックを楽しめる場としての教会を知ったのも、26 年前。滞在期間が６月を挟んでいたことで、偶然パリの音楽祭に出会った。街角のあちらこちらで演奏が行われているのを物珍しそうに眺め歩き。Église Saint-Germain-des-Prés（サン・ジェルマン・デ・プレ教会　６区）でのクラッシック音楽会のポスターを見つけた。「へぇ、教会でね。行ってみよう

か」とママさんコーラスをやっている友人と早速、教会に出向き切符を買った。

楽器が奏でる音をアンプによる増幅無しに、そのままに聞く教会でのコンサート。心に体に深く音が染み込んでゆく記憶が、今でもじんわりと残っている。６世紀に創建され、ロマネスク様式の教会としてはパリ最古。外の喧騒をよそに、日中でもひっそりと静かな教会はクラシックがとても良く似合う。

久し振りにスケジュールに組み込もうとネット検索をしていて、辿り着いたのは Classictic.com（クラッシックティク・コム）のサイト。今ではパリ行きの日程が決まり次第、必ず覗きにゆく。何処の教会で、開演は何日の何時で、料金は幾らで、演目は何か。奏者の名前まで知ることが出来る便利な日本語のサイト。パリのみならず、主にヨーロッパ 100 都市のコンサート検索が出来て、チケットの購入も可能。

実際は旅先での体調を見ながら現地で買う。それが自分のやり方。昨年のマドレーヌ寺院のコンサートでは、クラッシックティクで買えば 34€。それがフナックで 30€。60 歳以上のシニア料金が適応され、更に安くなり 22€を支払った。演目はヴィヴァルディの「四季」やシューベルトの「アヴェ・マリア」。聴き慣れた音楽をナマで聴

サント・シャペルのコンサート風景

教会の斜め前にあるタバコ屋

く。無になって寛げるひとときだ。

Église Saint-Éphrem（サン・エフレム教会　5区）でのピアノコンサートは開演の30分前。教会の前に出来た臨時の切符売り場で買った。現地でチケットを買う時は駄目モトで行く。少しは並んだけれど、席には充分の余裕があった（座席指定無し。良い席に座りたかったら早めに）。気が付けばピアノが一台あるだけのステージが、知らぬ間に満席になっていた。

13世紀、ゴシック建築最盛期に建てられた Sainte Chapelle（サント・シャペル　1区）。ここへは家族と数回行っている。演目はマドレーヌ寺院とさほど変わらないのに、あのキラキラ感は何なのだろう。

チケットは教会の敷地内にある小さな販売所で買える。料金が3段階に分かれる本格さ。最初は天蓋をグルリと取り巻くパリ最古のステンドグラスの見学の後で。次回からは教会の中に入

らずに、Boulevard du Palais（パレ大通り）を渡った真向かいのタバコ屋で。セーヌ川に浮かぶパリ発祥の地 Île de la Cité（シテ島　1区・4区）の花市や Cathédrale Notre-Dame（ノートルダム大聖堂　1区）を観るついでに。はたまた、お隣の小さな島 Île Saint-Louis（サン・ルイ島）の老舗アイスクリーム屋 Berthillon（ベルティヨン　4区）へ向かうついでに。料金はフナックで買うのと同じだろうと思う。

開演時間の30分前では遅い。うかうかしていると、離れ離れの席に座ることになったりするからだ。それほどの人気。両脇の通路の空いているスペースにびっしりと椅子を並べた会場は、ぎゅうぎゅう詰め。スポットライトを浴びて華やいでいるステージに向かって、観客は期待で騒（ざわ）めいている。やがて演奏が始まり、一瞬で静まる室内。終わった途端に、ピーピーと鳴る口笛に拍手にフラッシュの雨。周囲を

キャノピーの愛称を持つ
独特なフォルムのフォーラム

パリのTSUTAYA
fnac
チケット売り場

食堂だけど、お土産買いの穴場！

見回せばヨーロッパ系の人々が多いことに気付く。彼らは地続きの国であるが故に、旅を気楽に自由に楽しんでいるのだろう。いつも、そう感じる。

今回のスケジュールに合わせ、クラッシックティクで事前にチェックしたのは二つ。サン・ジェルマン・デ・プレ教会でのヴィヴァルディ、シューベルト、ブラームス。Église Saint-Germain L'Auxerrois（サンジェルマン・ロセロワ教会　１区）はモーツァルトにヴィヴァルディ。名前からして両方共に６区で隣合わせるぐらいの近さ、演目も似た様なものだろうと気軽に考えていた。

大型ショッピングセンターのForum des Halles（フォーラムデアール　１区）に着き、地階のフナックへ。チケット売り場に並んで、順番が来て。係にメモを見せた結果は。サン・ジェルマン・デ・プレ教会のチケットを扱っていなかった。教会に直接出向いて買うことも出来るが、その時間が惜しい。お初の教会だけど確実に手に入るからと、後者に決定。チケットは33€。シニア料金無し。

切符を手にフォーラムデアールの一角を占めているMONOPRIX（モノプリ）へ向かう。ここのチェックは絶対に外せない。パリのヨーカドー的存在と言えば良いだろうか。食・衣・雑貨等を幅広く扱い、デパートよりも庶民的。フランス中の何処かで必ず見掛ける、お土産買いにはもってこいのスーパーだ。昨年にはイートインの別館 la cantine（ラ・カンティヌ　食堂）をオープン。

焼きたてが並ぶパンや手軽に買えるマカロン。ワイン棚にはサンテミリオンの顔がある。家族連れで賑わうイートインでは、パック入りの惣菜やハム、チーズ、パリジャンと呼ばれるサンドイッチ等々を飲み物と一緒に食べることが出来る。この手軽さと便利さ。以前から系列店の monop'（モノップ）で展開していたが、本格的に食の分野

に乗り出したらしい。昨年のクリスマスほどではないにしろ、モノプリの店内はまずまずの賑わいだった。

店内に充実したイートインを置くスタイル。先行しているのはデパートだ。ボンマルシェや馴染みのギャルリーラファイエット、そして Printemps（プランタン　9区）。日本のデパートのように地下ではないが、それぞれに工夫を凝らしつつ競っている。スーパーにも、その波がやって来たということか。食に対するパリの貪欲さを垣間見たような気がする。

19:40 ─────

帰りもバスを使ってアパルトマンに帰着。出発は朝の9時過ぎだったから、10時間強の外出。坐骨神経痛による足の痛みを、湿布で何とか乗り切った。朝にも来たスーパーのフランプリに寄り、バター、牛肉、ヨーグルトを買う。今夜から自炊が始まる。

バターは無塩だが ÉCHIRÉ（エシレ　1個 3.75€）、牛肉は entrecôte（アントルコート　6.20€）と呼ばれるリブ・ステーキ。メーカーはCHARAL と書いてあるが、読み方は分からない。日本ハムのような大きな肉メーカーらしい。ヨーグルトはSojasun（ソジャサン　2.15€）。

190g もある肉を半分、バターでソテー。付け合わせの野菜は機内食に付いて来たサラダを使った。今朝のいち

じく入りのパンに添えたのは、ミニ・パレから持ち帰ったポテトフライ。母と一緒に旅する時のアイディア。ジッパー付きの袋を持ち歩き、多過ぎる食材を頂いて帰る。疲れたのでパンとヨーグルトだけで済まそうと考えていたが、ステーキは予想以上に美味しかった。日本から小さな容器に移して持って来た今半のステーキソースが良く合う（濃いのでミネラル水を若干加えて加熱）。柔らかく無いが、噛みきれない程の固さでもなく。ジワッと旨い。牛の銘柄は何処なのだろう。今後も試してみたい。

食後はお風呂にゆっくり浸かってベッドに入る。アパルトマンの外は、昼間の賑わいが嘘のようにひっそりと音も無い。明日は Marché（マルシェ　市場）だ。すごく楽しみ。

スーパーの買い物

夕食はステーキ！

３日目
青空マルシェと美術館

＊マルシェ　『Marché Président Wilson』
（マルシェ・プレジダン・ウィルソン）
＊美術館　『Musée d'Art Moderne de la Ville de Paris』（パリ市立近代美術館）
＊『Atelier des Lumières』（アトリエ・デ・リュミエール）
＊散策　Rue du Château d'Eau（シャトー・ドー通り）

　朝市 Marché（マルシェ）と出会ったのは偶然だった。シテ島のノートルダム大聖堂に向かおうと、降りたメトロ 10 号線の駅。目の前の小さな広場で Marché Maubert（マルシェ・モベール　5区）が開かれていた。季節は 6 月。目の覚めるような真っ赤に熟した枝付きのトマトにアメリカ産にそっくりのチェリー。当時は珍しかった洋梨のラ・フランスを早速に買い込んだ記憶がある。

　それ以来、パリへ行けば必ずマルシェを覗くようになった。月曜以外は、どこかしらで開催している。多くの朝市は午前中から 3 時ぐらいまでだが、パリ中心部のサラリーマンが多い地域では午後からだったりする。

　パリで一番小さなマルシェは、マドレーヌ寺院のすぐ脇で週に 2 回開催される Marché Aguesseau（マルシェ・

アゲソー　8区）だろう。チーズ屋、八百屋、肉屋それぞれが 1 軒ずつ。数十歩、歩けばおしまい。品揃えは悪くない（火・金曜日7:00 ～ 14:30、情報は PARiS Official Website　2019 年）。寺院の反対側では花市が。見るだけでも楽しくて和らぐ。

　一方、大規模マルシェと言えば Marché Bastille（マルシェ・バスティーユ　11 区）だろう。メトロ 1、5、8 号線が交じり合う Bastille（バスティーユ）の駅を出て、すぐ。Boulevard Richard-Lenoir（リシャール・ルノワール大通り）沿いにズラリと並ぶ屋台は壮観だ。10 月末頃に訪れた時は友人が生牡蠣を、牡蠣にあたった経験がある自分は雲丹。皿に半ダース並べてあっても、指で数を示せば 1 個でも大丈夫。言葉は要らない。雲丹はやや泥臭い味がした。北海道生まれは味に拘りがある。剝きたてだからミョウバンの嫌な苦さは無いが（木曜日7:00 ～ 14:30、日曜日 7:00 ～ 15:00）。

　パリの中心部から離れた Marché Convention（マルシェ・コンヴァンシオン　15 区）の規模もたいしたものだった。Rue de la Convention（コンヴァンシオン通り）の両側に並ぶ屋台の長さは呆れるほど。訪れたのは 2 月の初旬。量り売りのバターや焼くだけになっているエスカルゴ。子羊は綺

麗にさばいて一人分のサイズに切り分けられていた。鴨やフォアグラ、トリュフで有名な Périgord（ペリゴール）地方の屋台では兎まで並べてあった。ライチはアフリカ産。色はピンクに近い淡い赤紫で、葉付き。飛びっきりの新鮮さだ。5€（2018年）で買い込めば、一度には食べ切れない量がきた。火曜と木曜が 7:00 〜 14:30 で、日曜は 7:00 〜 15:00 の開催。他のマルシェと同じような時間帯ではあるが、日曜と他の曜日では屋台の数と内容が若干違うような気がする。お勧めは断然、日曜日。

このマルシェには別のお楽しみもある。MOF（Meilleur Ouvrier de France 国家最優秀職人章）を受賞したお店が 2 軒。その一軒 Laurent DUCHÊNE（ローラン・デュシェーヌ　15区）は夫婦経営で、日本人の奥さんの京子さんもパティシエ。コンテストで優勝したクロワッサンが評判だが、友人はチョコレートが日本人向きで美味しいと言う。もう一軒は Frédéric Lalos（フレデリック・ラロ　15区）。こちらは Boulangerie（ブーランジュリー　パン屋）。アジアでは唯一台湾にも支店があるらしい。店主は最年少で MOF を受賞。美味しいバゲットがウリだけれど、未開拓。パリ市内に数店舗。いずれ出会うことだろう。

特筆すべきは BIO を専門に扱う二つのマルシェだろうか。メトロ 12 号線の Rennes（レンヌ）から始まる Marché biologique de Raspail（マルシェ・ビオロジック・ラスパイユ　6区　日曜日 9:00 〜 15:00）。そしてメトロ 2 号線の Rome（ローム）で終わる Marché biologique des Batignolles（マルシェ・ビオロジック・バティニョール　17区　土曜日 9:00 〜 15:00）。両方共に、毎回 BIO 好きなパリっ子で賑わう。ラスパイユでは火曜と金曜にもマルシェがあるが、規模が小さく BIO ではないらしい。

これから向かう 16 区のマルシェは、高級住宅街エリアで値段は高め。一流のシェフも買い出しに来るほどの良品質な品々が並ぶと言う。昨年 12 月にすぐ近くの Marché Gros la Fontaine（マルシェ・グロ・ラ・フォンテーヌ）に立ち寄った時は、小規模で特に高級感はないように感じた。が、アパルトマンに帰って好物のライチを食べて驚く。種が子供の小指程もなく、充分な食べ応えと新鮮さ。こんな体験に Marché Président Wilson（マルシェ・プレジダン・ウィルソン　16区）でも出会えるのだろうか。

8:30 ─────────────

朝食は簡単に済ませた。大概のマルシェは 7 時頃から始まるが、その時間では早過ぎる。お店はまだ品出しの最中で、お客はほとんどいない。一番の

マルシェの風景

モリーユ茸

アスペルジュ・
ソヴァージュ

ライチ

山羊のチーズ

賑わいは 10 時過ぎから。それでも後に続く予定を考えて、若干早めに出た。目的地はメトロ９号線の駅 Iéna（イエナ）。今回はメトロの階段を避けて、のんびりとバスで向かうことに。やや待たされて、69 番のバスに乗車し終点の Champ de Mars（シャン・ド・マルス）まで約 40 分。降りれば、エッフェル塔が直近に見えていた。82 番に乗り換え、数分でイエナ。マルシェに着いて時計を見れば 9:30 だった。メトロで来れば半分の時間で済んだだろう。

マルシェ・プレジダン・ウィルソンは予想よりも大きく、中規模を超える感じ。品揃えは良く、いちごにチェリー、まだ旬には早いフランス産のメロンもあった。買えば良かったと思うのは La pêche plate（ラ・ペッシュ・プラット　平たい桃）。この美味しさ

を一度は味わってみたいが、移動で傷むことを考えると手が出ない。野菜は今が食べ頃のアスパラの中に野生種の Asperge Sauvage（アスペルジュ・ソヴァージュ）も見掛けた。高級な茸の Morilles（モリーユ茸）もあったが、100g で 5.90€（約 800 円）は高いか？松茸よりは安かろう。チーズはノルマンディー産 Pont-l' Évêque（ポン・レヴェック）等々。見ているだけでも涎が出そうなローストチキンも。

結局、メロンをドンと一個。アスパラはホワイトにソヴァージュ。チキンにニョッキにチーズはフェタ。大好きなアーモンドチュイルと、料理方法も良く分からないモリーユ茸まで。全部エコバッグに詰め込んだ。次は Musée d'Art Moderne de la Ville de Paris（パリ市立近代美術館　16 区）へ。Avenue du Président Wilson（プ

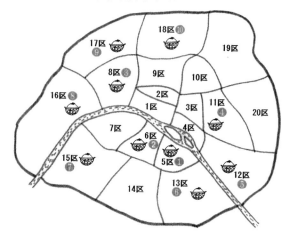

パリのおすすめマルシェ

❶5区：Marché Maubert（マルシェ・モベール）
　　　Ⓜ10：Maubert-Mutualité　火・木・土曜日

❷6区：Marché Raspail（マルシェ・ラスパイユ）
　　　Ⓜ12番線 Rennes　日曜日（BIO　有機栽培）

❸8区：Marché Aguesseau（マルシェ・アゲソー）
　　　Ⓜ8、12、14：Madeleine　火・金曜日

❹11区：Marché Bastille（マルシェ・バスティーユ）
　　　Ⓜ1、5、8：Bastille　木・日曜日

❺12区：Marché d'Aligre（マルシェ・アリグール）
　　　Ⓜ8：Ledru Rollin　火〜日曜日

❻13区：Marché Auguste-Blanqu（マルシェ・オーギュスト・ブランキ）
　　　Ⓜ5、6、7：Place d'Italie　火・金・日曜日

❼15区：Marché Convention（マルシェ・コンヴァンシオン）
　　　Ⓜ12：Convention　火・木・日曜日

❽16区：Marché Président Wilson（マルシェ・プレジダン・ウィルソン）
　　　Ⓜ9：Iéna　水・土曜日

❾17区：Marché biologique des Batignolles（マルシェ・ビオロジック・バティニョール）
　　　Ⓜ2：Rome　土曜日（BIO　有機栽培）

❿18区：Marché Anvers（マルシェ・アンヴェール）
　　　Ⓜ2：Anvers　金曜日（このマルシェのみ午後の開催 15:00 〜 20:30）

※Ⓜ番号（メトロ号線）：最寄駅、開催曜日

　　　マルシェが賑わうのは10時〜昼過ぎぐらいまで。朝早く7時から開
　　催しているマルシェもありますが、まだ品出しの途中だったりします。
　　冬季はまだ暗く、お客さんもほとんどいません。

レジダン・ウィルソン通り）を挟み、マルシェの斜め向かいにある。

　パリ万博の時に建設された Palais de Tokyo（パレ・ド・トウキョウ 16区）の東翼に位置する、この美術館。常設展は無料と聞いて、大したコト無いんじゃない？　しかも Tokyo。わざわざ行くかなと、今まで全く興味が無かった。マルシェの近くだからと何の気なしに調べてみれば。デュフィの巨大な壁画「電気の妖精」、マティスの「ダンス」の連作、モディリアーニの「青い目の女」、藤田嗣治の「寝室の裸婦キキ」等々。一度は観てみたい作品がゾロゾロ。今までに何度もチャンスがあったのに。これは行かねばと気持ちが大きく動いた。

　ENTRÉE（入口）の表示に従って通りの反対側、セーヌ川方面に向かう。庭の彫刻を眺めながらグルグル回って辿り着けば。なんと！　改装工事中。トリップアドバイザーだけをチェックして行けば、こういうことは多々ある。そう思っていても、しごく残念。

　後になって美術館のサイトを覗いて見た。「Le musée est actuellement fermé pour travaux. Réouverture le 11 octobre 2019.」とインフォメーションに書いてある。工事（travaux トラヴォー）のために閉館（fermé フェルメ）。再開は10月11日。簡単な日常会話でさえ難しいフランス語だ

が、何度か同じ経験をして fermé と travaux は自然に覚えてしまった。現在、パリは至る所で改造中。特にメトロはホームドアを付けるため？　この言葉に出会うことが多い。実際に行く前に注意深くサイトまでチェックするべきか？　結論はいつも、次回に再度スケジュールに組み込もうかで終わってしまう。バリバリに確実性を求めれば、旅が窮屈になるような気がするからだ。

　残念なケースでも Musée de l'Orangerie（オランジュリー美術館 1区）では事情が少し違った。月初めの日曜日は入館無料と聞いて訪れたのが、16:50。入館の締切は 17:15 まで。間に合ったと思ったのも束の間、入口で係員に「Fermé！」と言われてしまった。周囲には数十人の人々が口々に（多分）「何故、入館出来ないんですか？」とクレーム中。言葉からドイツ人と分かるイケメンの男性を中心に現地のフランス人女性に混じって、抗議に参加。そんな騒動を尻目にチケットを持っている人が入って行く。結果は入館不可。タダで入るには時間的な余裕が必要と気が付いた。

　翌年、リベンジでオランジュリーに向かう。またしても詳しくチェックをせずに。だが、待っていたのは日本のブリヂストン美術館との合同展覧会という嬉しい誤算だった！　その時の特

パリ市立近代美術館
彫刻が立つ庭から
エッフェル塔

専用のシャトルバスに
乗って

ルイ・ヴィトン財団美術館
船をイメージさせるデザイン

別展のタイトルは「東京＝パリ」。嬉しかった。このように美術館同士の交換会のような催しが珍しくないパリ。美術館の正面だけを見ずに、もう一つの顔をちゃんとチェックしなければと気が付いたのはごく最近だ。特に注目すべきは、2014 年に開館したばかりの Fondation Louis Vuitton（ルイ・ヴィトン財団美術館　16 区）。初めて訪れた時はエルミタージュ美術館とプーシキン美術館との合同開催で、ロシアの大富豪 Shchukin（シチューキン）のコレクションを中心に近代・現代アートを展示。タイトルは「Icons of Modern Art」。ゴッホ、クールベ、ゴーギャン、モネ、セザンヌの他にシチューキンに高く評価されたマティスやピカソには特別仕立ての別室があった。2018 年にはニューヨーク近代美術館の MOMA（モマ）との合同。タイトルは「Modern MOMA in Paris」。

セザンヌやホッパー等の馴染みの画家の他、アンディ・ウォーホルや草間彌生の白いクッションも展示されていた。将来、ニューヨークに行く機会があるか？　という自分にとって貴重な展覧会との出会いだった。

　パリ行きが決まれば必ずチェックを入れるルイ・ヴィトン財団美術館。一番簡単な行き方は凱旋門から出ているシャトルバスを使うこと。専用のバス停は Avenue de Friedland（フリードランド通り）に。1 回目は運転手に 1€ を払って乗り込んだが、2 回目は入場込みで 20€（2018 年）を払った。お蔭で入場の時に並ばずに済んだが、支払いは何故かクレジットのみ。現金を多く持ち歩かないようにしているから助かったが。今後はどうなるのか予測は出来ない。

　一方、オランジュリー美術館は広過ぎないスペースに見慣れた作品が多数

あるのが魅力だ。ルノワールの「ピアノに寄る娘たち」やルソーの「釣り人たちと飛行機」の他、マリー・ローランサン、ドガ、シスレー、ミロ、マティス。そして藤田嗣治。何度観ても、心躍るワクワク感がある。中でも一部屋を丸ごと使った、Claude Monet（クロード・モネ）の連作は時間を掛けてゆっくりと楽しみたい。リベンジで訪れた時は、Giverny（ジヴェルニー）行きをセットでスケジュールを組んだが、美術館とジヴェルニーの両方で使える共通入場券 Passeport Orangerie Giverny（18.50€　2017 年）があることを入口で知る。お得だ。

モネが描いた Nymphéas（ナンフェア　蓮池）で有名なパリ郊外の街、ジヴェルニー。朝は 6 時起きで向かった。眩いばかりの晴天の中、SNCF（フランス国鉄）の駅 Saint-Lazare（サン・ラザール）を 8:19 発。またまたウッカリを発動。ものすごい混み様はフランスの祭日（5 月 25 日）のせいだった。降車駅は Vernon-Giverny（ヴェルノン・ジヴェルニー）。Rouen（ルーアン）経由もあるが、2 時間に一本の直通を選んだ。

約 40 分で到着。駅を出れば、またしても長い行列。祭日のせいかモネの館へ向かうバスが 4 台。お蔭でギリ、乗車出来た。約 10 分乗車の後。終点で降り、ゾロゾロと行く人々の後ろに続く。入館口でもすごい人だったが、共通券を持っていたので即入場。これはお得どころではない。助かった！

入館後、モネの家に入るためには更なる行列。それを横目に庭（4 月から 10 月までの一般公開）を先に散策した。数えきれないぐらいの種類の花が、色とりどりの美しさで咲き乱れる光景。自分を含めて、花が好きな人にはたまらないだろう。薔薇だけは残念なことにまだ開花していなかった。そして蓮池には青竹が生い茂り、まさに

モネとジヴェルニー

JAPONESQUE（ジャポネスク　日本風）に満ち溢れていた。

　モネが43歳から晩年までを暮らした家の壁には、多くの浮世絵が飾られている。夫人を描いたラ・ジャポネーズに見られる色彩は、どことなくリキが入り過ぎているような気がする。視覚を失っても描き続けたのは蓮池。時と光の移ろいをキャンバスに描き続けたモネが印象派の巨匠と言われる所以だ。

　最後に見学したキッチンの、青のモザイクが美しいルーアン・ブルーのタイルにも心惹かれた。料理好きだったことを証明するかのように庭の隅には鶏小屋があり、温かみを放つランプシェードは友人を呼び歓談するモネを彷彿とさせる。

　モネの家を出て昼食に向かったのは、彼も通ったと言うレストラン Baudy（ボーディ）。やや早めで正解。明るいパラソルの下のテーブルが残っていた。メニューは英語。ハイネケンが造るノンアル・ビールの Buckler（バクラー）もあった。長年パリに来続けて、初！アルコールが駄目な身には有り難かった。唯一、不便だったのは帰り。時刻表を見ればバスがやって来るのは２時間後。幸運なことに偶然やって来たタクシーを捕まえて駅に着けば。帰りの電車も２時間待ち。駅の周囲を歩いてみたが、手軽に休めるお茶屋さんは皆

無に近い。

　この経験を元にパリ発の団体ツアーを利用すれば？　と考察。料金だけを言えば個人旅の方が約 1,500 円（2017年）安上がり。だが、オランジュリー美術館をパスしてジヴェルニーにのみ行く場合は。優先入場出来るツアーの方が良いかも知れない。差は少額。アリと思う。

10:30 ————————————

　マルシェで買い物の後、パリ市立近代美術館をじっくり１時間半ぐらい掛けて鑑賞する筈だった。ぽっかりと宙に浮いた、その時間。どうする？　手にしているエコバッグの重さに気が付いて即決。一旦アパルトマンに戻ろう。

　セーヌ川添いに降りて、バスを待つ間。再び頭の中にもくもくと迷いが湧き上がる。予想外に余った時間。このまま歩いて Place du Trocadéro（トロカデロ広場）まで行こうか。バス停で数えれば２つぐらいだろう。そこには、マカロンが美味しい CARETTE（カレット）本店がある。16区のマダム御用達のお店だが、気取った雰囲気は全く無い。こんな天気の良い日はテラスに座って、カフェオレでも飲みながら La tour Eiffel（エッフェル塔）でも眺めるか……。

　ここ最近、待ち時間の凄さで昇る気力がすっかり無くなってしまったエッフェル塔。上からパリ市内を俯瞰する

のも悪くはないが、夜空に向かって聳え立つ美しさも格別だ。トロカデロ広場に背中を見せている Palais de Chaillot（シャイヨー宮　16区）。その中央のテラスには大勢の人が群がり、やがてシャンパンフラッシュが始まれば賑やかに歓声が響き渡る。一見の価値あり。そして最終時には更に、さらに特別な光り方をするらしい。一生に一度ぐらいは見てみたいと思うものの、深夜のメトロにはあまり乗りたくない。アパルトマンをエッフェル塔の直近にでも設定しない限り無理だろう（季節により開始時間は夜の 9:00 〜か 10:00 〜。11:00 〜、12:00 〜と続き 25:00 で終了する。点滅時間は５分間）。

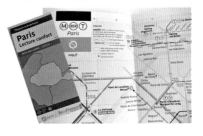

メトロの窓口で必ず貰っておこう！

車が停まった時に駅名を照合すれば進行方向が確認出来る。

やはりアパルトマンに急いで帰ろうと考え直して乗った、72番のバス。なかなかに混んでいた。座席は進行方向に向かって後方に取るのがベスト。停車案内が良く見えるからだ。「prochain arrêt……」（プロシェン、アレ　次の停留所は……）と出たら降りる準備をすればいい。郊外へ行く電車の場合も全く同じ。メトロは少し違う。ドア付近の上部に始点から終点までの停留所一覧があるが、進行方向がいまいち分かり辛い。そこで駅の窓口で貰っておいた Paris Lecture confort（パリ・レクチュール・コンフォールパリ快適案内　無料）の出番。自分が降りる駅の前後をチェック。そして電

残念なことに空いているのは反対方向だった。仕方なく座れば、隣も向かいもアジアの方々。私の持っているエコバッグをじっと見ている。とうとう隣の女性が話しかけて来た。どうやらマルシェに興味津々らしい。拙い英語でアレコレと楽しい会話をした後、彼女達はルーヴル美術館の前で降りて行った。お互いに「旅を楽しんで！」「いい時を！」と言いながら、車窓の外からも笑顔で手を振っていた。思っても無い、ひととき。美術館にフラれて無意識に下向きになっていた心をグッと上向きにしてくれた。

彼女達はパリ在住の友人に案内されて旅しているらしい。団体行動では体験出来ない、同じアジアの人々との交流。自分でも意外に思うが、初体験。パリの人々とはごく簡単なフランス語又は英語を話すことがあっても、同じ日本人と会話するのでさえ稀。目的に

ルーヴルのクリスマスと
プランタン

中２階のフードコート案内

広々としたスペースに多彩な料理

マックの
マカロン！

向かってまっしぐらの毎日だから？
これからは、もう少し心に余裕が欲し
いなと思うことしきり。

　30年振りの彼女達は新しくなった
Musée du Louvre（ルーヴル美術館
１区）で、どれぐらい興奮するだろ
う。チケットを自販機で買えば並ぶ時
間も少なくて済む。近頃のパリは中国
歓迎ムード。改装された中２階のフー
ドコート Restaurant du Monde（レス
トラン・デュ・モンド）の案内には英
語と中国語の表記がある。12時を過
ぎればアッと言う間に満席になってし

まうテーブル。グルっと取り囲むの
は、フレンチは勿論のことイタリアン
やアジアン等々。カレーもある。ト
リップアドバイザーの日本人による
評価はコスパがイマイチらしい。少
し離れた所にはお茶の KUSMI TEA
と McCafé がある。ここなら、間違い
ナシか。地階（日本式）にはデパー
トの Printemps（プランタン）や、面
白い玩具や雑貨の Pylone（ピローヌ）
等。オシャレなセンスが光る文具の
Delfonics（デルフォニックス）は日
本製だ。とにかく、ルーヴルはまるで

デパ地下のようになってしまった。

　そもそも、ちょうど 30 年前の 1989 年はガラスのピラミッドが完成したばかり。彼女達は真っ先に新生ルーヴルに駆け付けたのだろうか。ガラスケースに収められた「モナ・リザ」。壁を覆いつくす「民衆を導く自由の女神」や「ナポレオン一世の戴冠式と皇妃ジョセフィーヌの戴冠」。小品でありながら「オダリスク」や「ガブリエル・デストレとその姉妹ビヤール公爵夫人とみなされる肖像」が放つ妖しさ。古代芸術の素晴らしさを圧倒的に表現している「ミロのビーナス」。2014 年の秋に訪れた時、「サモトラケのニケ」の修復は幸運にも終わっていた。常に進化が続くルーヴル。規模が大き過ぎて網羅するには時間と体力が必要だ。そんな時に便利な Paris Museum Pass（パリ・ミュージアム・パス）。パスの種類は 2 、4 、6 日間と 3 種類。長くなれば料金が若干安くなる。パリ市内の主な美術館に優先入場が出来る。それが魅力で一度だけ買ってみた。だが、ヴェルサイユ宮殿で大きな失望を味わう。入場券を買わなくて済んだだけで、優先入場が無い。ぶるぶる震えるような寒空の中を 1 時間以上並んだことを思い出せば、自分的には二度と手を出す気になれない。あちこちの美術館や博物館三昧をする、もしくはルーヴル美術館で休憩を入れながら何

度も出入りを繰り返す。それなら便利でお得かも知れないパリ・ミュージアム・パス。しっかりとチェックして買うならアリだろうか。

11:45 —————————————

　アパルトマンに着き、お昼はマルシェで買ったローストチキンを温め直し、レンジ茹でしたアスパラにバターをのせて醤油で食べた。シンプルだけど、美味しい一皿。食後、早速メロンを切ってみる。夕張メロンと同じオレンジ色の果肉はやや早めで固くシャリシャリと。甘さは充分。お向かいのパン屋でパンと一緒に買った Viennoiserie（ヴィエノワズリー）もジャムに近いりんごのコンポートを挟み、サクッ・しっとりの食感が素晴らしかった。好きなだけ、好きなように。そんな昼食。

14:30 —————————————

　食後、休憩して再出発。Atelier des Lumières（アトリエ・デ・リュミエール　11 区）へ向かう。建物自体は元製鉄所で古いが、2018 年 4 月に開館したばかり。プロジェクションマッピングを駆使したパリ初のデジタルアートセンターと言うけれど、どんなモン？　と思っている。映像と音楽の合体。今年（2019 年）末までは「Van Gogh, la nuit étoilée」（ヴァン・ゴッホ　星降る夜）と「Japon Rêvé」（日本の夢）をテーマに開催中。最寄り

駅はメトロ3号線の Rue Saint-Maur（リュ・サン・モール）だ。初めて聞く駅の名前。今までに、11区の大きな駅 République（レピュブリック）より先に行ったことがない。全くの不案内。こんなエリアに出向く時はメトロに限るということで、休憩をして万全の態勢を取った。

何故かゴッホが好きだ。曖昧さを許さない色使いにか？ 切羽詰まった息遣いを感じる輪郭線にか？ 自分にとっての真実を追い求める溢れんばかりの激情にか？ 生前にたった一枚、しかも安価でしか売れなかった不運。兄弟で必死に足掻いた短い人生。それもまた、理由の一つに入れても良いような気がする。

定年退職して自由になり、パリへの旅を本格的に再開した5年前。ルーヴル美術館の次に選んだのは、Musée d'Orsay（オルセー美術館）。印象派を筆頭に、あれもこれも懐かしい絵画で溢れている。全くチェックをしていなかった企画展がゴッホ。同時に計画していた日帰りの旅が Auvers-sur-Oise（オーヴェル・シュル・オワーズ）。ゴッホ最期の地だ。この偶然には正直驚いた。

「Van Gogh/Artaud」（ヴァン・ゴッホとアルトー）と題した企画展の副題は「社会による自殺者」。演劇人・作家・詩人であったアルトーが、ゴッホを改めて分析。そのゴッホ論を作品と映像を通して観る。会場にいた人々の記憶に強く残ったのは、スクリーンに映し出されたゴッホ晩年の作「カラスのいる麦畑」の映像だろう。ゴッホの描いた絵の中からカラスが飛び立って行く。暗く沈んだ不気味な空。場内に響く鳴き声。

アトリエ・デ・リュミエールでは、更に音楽を加えたゴッホの作品と向か

ゴッホが描いた町役場

弟テオと仲良く並ぶ墓

墓へゆく途中にあるオーヴェルの教会

い合う。アパルトマンからリュ・サン・モールの駅。そして劇場まで迷わずに着いて 15:00。即、数十人の列に加わった。やがて順番が来て「今日は Full で入れないよ」と。土・日以外は予約無しでも大丈夫と調べて来たのに？　やれやれ、今日は美術館にトコトン嫌われる日だと諦めかけた時。「え〜っ、駄目だって。どうする？」と英語で話している声が後ろから聞こえてきた。振り返って顔を見合わせていれば、少し離れた所に立っていた係員が「こっちに並んで」と手招きしている。結局、14.50€（2019 年）払って入場。窓口で意味も無く「日本人か？」等と聞かれつつ進んで行けば、脇からもどんどん人が入って行く。いつもこんな感じ？　全く訳が分からない。まぁ、いいか。

　会場はさほど広くなかった。暗い中を数段の階段を上って降りてみれば。床に座っている人、立っている人。適当に置かれている多くもない椅子には溢れんばかりの人が座っている。室内の壁全体がスクリーンになっていて、映像がグルグル回りながらフェイドアウトしてゆく。ゴッホの画家としての人生を、作品を通して音楽と共に観る。いや、これは体感すると言って良いのだろう。

　もう何年前になるのか。駅からホテルに向かう途中にあった Arles（アル

ル）の「黄色い家」。わざわざ出かけて行った「夜のカフェテラス」。歓談する人々の前には大鍋にいっぱいのパエリアが湯気を立てていた。明るい南フランスの陽光の下で多くの作品を生み出したゴッホ。ゴーギャンとの対立が彼の人生を変えたのだろうか。いや、誰のせいでもないのか。室内に流れる曲は 60 年代のロックバンド、アニマルズで知った。もっとも彼らの楽曲としては「朝日の当たる家」の方が好きだったが。「Don't Let Me Be Misunderstood」を歌っているのは女性のようだから、オリジナル？　オルセー美術館で知ったアルトーとは真逆の解釈のような気がする。どちらにしても、日本人とフランス人の心情的センスは似通っているように感じた。アルルを出て、パリに戻り。喧騒を避けてオーヴェル・シュル・オワーズに住んだゴッホの部屋は６畳も無いぐらいの狭い部屋だった。ベッドと頭を突き出すのがやっとの小窓だけが、Auberge Ravoux（ラヴ—亭）を訪れた時の私の記憶に残っている。

　出発は、マップで言えばオペラ座の左上に位置するフランス国鉄のサン・ラザール駅（メトロと連絡）。切符は Île-de-France（イル・ド・フランス）の窓口で。それが３年後には Boutique Normandie（ノルマンディー方面切符売り場）と名前を変えていて、

Japon Rêvé (日本の夢)　　　　　　　　アトリエ・デ・リュミエール

館内の様子

慌てたことがある。

　「Auvers-sur-Oise, s'il vous plait」（オーヴェル・シュル・オワーズ　シル・ヴ・プレ）と言って買ったチケットは2等片道一人5.80€（2014年）だった。発音がたとえ拙くても必ず「お願いします」と言う意味のs'il vous plait（シル・ヴ・プレ）を付け、丁寧さを心がける。そして、間違いを防ぐために行先と時間を書いたメモを必ず見せる。今までに特に困ったことは無く、後年になって60歳以上は割引があることに気が付いたぐらいだ。毎年値上がりするので、今買えば8€ぐらいか。フランス国鉄の時刻表は日本でもネットでチェックすることが出来る。面倒な時は、8時前までにサン・ラザールの駅に行けば何とかなるだろう。1時間に数本。すぐ乗れることもあれば、30分以上待つこともあるかも知れない。電車に乗り、

Pontoise（ポントワーズ）で乗り換えて約1時間半。日帰りの旅としては絶好の場所だ。ポントワーズも印象派のセザンヌやピサロ、そしてゴッホも好きだった美しい街らしい。今度、行ってみようか。オーヴェル・シュル・オワーズには、ゴッホが描いた町役場や教会が今でもそのままに残っている。そして、弟のテオと並んで埋葬されている墓地までの道がいい。カラスが飛んでいた麦畑。唯一惜しまれるのは、今は小奇麗なレストランになっているゴッホの宿、ラヴー亭でランチが満席と断られたことだ。

　モネを筆頭に日本の浮世絵に興味を持つ画家が多かった時代。ゴッホも同様に貧しい生活の中で多くの浮世絵を蒐集し、影響を受けた。いや、違うか。浮世絵の独特な世界を自分に引き入れて昇華した。その結果生まれた傑作が「Les Tournesols」（ひまわり）だと言

われている。彼は日本へ行くことを実際に夢見ていたのだろうか。それを頷かせるように、Japon Rêve が始まる。浮世絵と共に桜がスクリーンを舞い、バックには坂本龍一の「戦場のメリー・クリスマス」。日本人にとっても独特の美の世界だ。

16:30 ——————

上映が終わり外に出れば、まだ空が高い。全く不案内なエリアながら。行くとなればアレコレと他にお得な情報はないか？　と調べる癖がある。そして、Julhès Paris（11区）と Broken Biscuits（ブロークン・ビスケッツ 11区）を新たに発見。面白そうだし、両方共にアトリエ・デ・リュミエールから数分の近さ。前者は épicerie（エピスリー）と呼ばれる食材屋で、後者はケーキとお茶のお店。美味しいものを手に入れたら、カフェでのんびりと休憩。すっごく、いい。ウキウキとスケジュールに入れ込んだ。

まずは情報が少ない Julhès Paris へ。ネットで知ってはいたがガラス張りの立派なエントランス。奥には若い店員

さんの他に誰もいない。やや怯みながらも「Bonjour!」（ボンジュール　今日は）と声かけながら扉を開ける。振り返った笑顔にホッとしながら店内をグルリと回った。

ショーケースに幾種類も並んでいるチーズ。ワインの他に日本酒までがズラリと立ててある酒棚が壮観だ。紅茶は MARIAGE FRÈRES（マリアージュ・フレール）に高級ホテルで出される Alan Milliat（アラン・ミリア）のジャム。ハムやシロップ漬けの果物等々。生鮮食品を除けば何でも揃ってしまう。しかもクオリティが高い。今まで注目して来なかったパリ11区の外れ。映像と音楽を楽しむついでに寄るのならば、アリ。

少し戻って、アトリエ・デ・リュミエール前の通りを渡った裏側。お目当てのカフェ、ブロークン・ビスケッツがあった。ここでも自分のうっかりさ加減を残念がる。木曜から日曜までの営業なのに、今日は水曜日だ。ケーキを食べて、サンドイッチを持ち帰ろうと思っていたのに。夢破れたり。

Julhès Paris

帰りは9号線のレピュブリックまで一本で行けるようにと、メトロ Saint-Ambroise（サン・タンブロワーズ）駅に向かう。地図を見ながらウロウロ歩き、途中の花屋さんで道を聞く。親切にお店の外にまで出て案内してくれたお礼は、娘が描いたイラストや友人から貰った富士山の絵葉書。ほんの心遣い。持ち歩きするに軽く、意外に喜ばれる。親切を受けたら即差し出せるように、いつもバッグに忍ばせている。パリを気持ち良く歩くための一工夫。

今日のスケジュールも終盤に入った。メトロ、レピュブリックの駅を出れば目の前は Place de la République（レピュブリック広場　共和国広場）。聳えるように立っているのは自由の女神。正式にはマリアンヌの像。ニューヨークの像とは全く違い、フランスの象徴的な像。人気がないのか、人だかりはいつも少ない。今回は、この周辺を歩くことにやや緊張気味だ。原因はデモ。昨年から続く凱旋門やシャンゼリゼ通りの騒ぎを TV で知り、心配してくれる家族や友人。デモの出発点は、この広場であることが多いから尚更。デモは土曜日に多い。そして騒ぎがあればメトロはストップするだろう。その時に諦めればいいと出掛けて来た。

昨年の12月。私と友人は本格的なデモを初体験した。前夜、アパルトマンの担当者から珍しく電話が入る。「明日は大規模なデモになります。ルーヴルや凱旋門等には行かないで下さい。パリの各所で幾つものデモがありそうです」それを聞き、スケジュールを見直してルーアンへの日帰りに変更した。郊外だったら良いかも、と。

翌日。国鉄のサン・ラザール駅に出るまで、所々でストップしているメトロを3回も乗り換えた。早めに出て正解と喜んだのも束の間。なんと！　駅の切符売り場が完全に閉鎖している。誰一人として係員がいない。切符は自販機で買うしかない。マゴマゴしている内に時間が迫る。ここでも、現地の方にお世話になった。60歳以上の割引までタッチボタンで進み、切符を買う段階まで誘導してくれたのだ。電車に乗ったのが3分前。気が付けば彼らも（カップル）同じ場所へ向かうのだった。お礼を手渡しながら、心から有り難いと思った。

ルーアンでも小さなデモを目撃。だが、目的の場所へは全て何の問題も無く訪れることが出来た。そして、サン・ラザールに戻って。通常の出口が閉鎖。警官に誘導されて出てみれば、数メートル先でデモが終焉を迎えていた。まだ残っていた催涙弾の煙を生まれて初めて体験。目から涙、鼻の奥がツンツンする。日本で言えば白バイ？に追いかけられているデモの残党。ズラリと並んでいる警察車両。それを遠

巻きに見ている大勢の人だかり。

　メトロの入口を探してウロウロすること数十分。やっと見つけて乗り込めば、30分で済むところを約1時間掛けてアパルトマンに帰着。デモ初体験は何とか無事に終わったが、考察。デモの時はアパルトマンの周辺をのんびりと探索するのが一番賢いのかも知れない。メトロの乗り換えがスムーズに出来るエリアで良かったが、不案内な場所ではたまらない。巻き込まれればパニックになる場合もあるだろう。

17:30―――――――――

　レピュブリック広場に出て。数分立ち止まり、平穏であるかどうかを確認して歩き出す。この広場の北西にあるBoulevard de Magenta（マゼンタ大通り）のすぐ下。寄り添うように北へ向かって伸びる細いRue du Château d'Eau（シャトー・ドー通り）に噂のインテリア雑貨店Trésorerie（トレゾルリー　10区）がある。長いこと行きたいと思っていたお店だ。元は区の財務関係の建物だった場所を改造し、名前は財宝。まんまだ。英語で言えばトレジャリー。北欧を中心にセレクトした雑貨を置いている。

　窓にグレーの鉄格子がガッチリと嵌り、日本のカラフルなインテリアショップとは違うエントランスはシックと言うべきか。扉を開けて入った中は静かで落ち着いた雰囲気。アン

ティーク風の棚にはフランスの陶器の名産地、Gian（ジアン）製品。温もりのある木のテーブルの上には使い勝手の良さそうなオリジナルの食器達。さり気なく置かれた、日本製の塗り箸。2階にはテーブルのセット等がゆったりと置いてある。

　だが、だ。旅の途中でわざわざ寄る？　どうしても、このお店で探したいモノがあれば話は別。ふらっと立ち寄ってパリ土産があったら買う。そんな時は同じインテリア雑貨でも、自分的にはMerci（メルシー　3区）をリストに入れたい。通りに面しているカフェの横をすり抜けて、小さな中庭の向こうに見えている白い扉。脇にはメルシーのナンバープレートを付けた真っ赤な小型車。一歩足を踏み入れれば。ナチュラルな色合いの床に梁を巡らせたラフな天井。良質の雑貨に拘りつつも、明るく素朴な感じ。なんだか親しみのある雰囲気を感じていたら、日本の無印良品とコラボしていた。

　メトロ8号線の駅Saint-Sébastien-Froissart（サン・セバスチャン・フロワサール）を出たBoulevard Beaumarchais（ボーマルシェ大通り）には、メルシーの他にMAISON PLISSON（メゾン・プリソン本店　3区）もある。昨日訪れたマルシェ・サントノレの本店とも言うべき、1号店。更に北に向かって歩いて数

ジアン専用の棚

トレゾルリー

メルシー

ボントン

ベッジュマン＆バートン

分。Boulevard des Filles du Calvaire （フィーユ・デュ・カルヴェール大通り）と名前が変わる辺りに、子供専門の雑貨や玩具、お洒落なデザインの靴等を扱う Bonton（ボントン　3区）がある。木製で出来たままごとセットや男の子向き？　の工具の一揃い。良く出来ている。通りを渡った反対側には、創業 1919 年の紅茶専門店 BETJEMAN & BARTON（ベッジュマン＆バートン）。赤い庇に赤い扉。中に入ればレトロな雰囲気。紅茶好きとしては、まず白い芽が特徴の Yin Zhen（インゼン）を買ってみた。アールグレイの一種。以前 DAMMANN FRÈRES（ダマン・フレール　4区）で初めて出会ったが、その爽やかな

香りに大感激。こちらは創業 1692 年。フランスで初めてルイ 14 世から紅茶の販売特権を貰った老舗。この王様、ヴェルサイユ宮殿を造った「太陽王」と呼ばれた人だ。ダマン・フレールでは 100g 7 € だったが、ベッジュマン＆バートンでは 6.25€（2018 年）。値段に大きな違いは無いが、実際に飲んでみて。ダマン・フレールの圧倒的な勝ち。香りから味わいから、全く違うアールグレイだった。もっとも 5.29€ で買った 4 種の乾燥したフルーツ入りの方は美味しかったが、日本にも支店があり、結構な値段らしい。パリでは量り売りの種類が断然に多く、安い。

　トレゾルリーをさらっと見てお店を出る。本日最後の訪問先は。ここまで

デュ・パン・エ・デジデ

来たら寄らいでかと、歩いて10分も掛からないブーランジュリー Du Pain et Des Idées（デュ・パン・エ・デジデ　10区）へ。マゼンタ大通りに戻って反対側に渡り、Rue de Lancry（ランクリ通り）の角を曲がる。天然酵母を使用したパンがウリだが、その中でも Pain des amis（パン・デザミ）の人気は断トツ。並んででも買う価値あり。

　1年半ぶりに訪れてみれば、相変わらずの行列だった。混み合う時間には少し早かったせいか、待ったのは10分程度。お店の外にはテーブルとベンチ。買ったばかりのパンを早速食べようとして、コーヒーのサービスが無いことに気が付く。止めたのか、時間的にやっていないだけなのか。仕方なく、立ったまま買ったばかりのエスカルゴを齧る。カリッと焼かれた Viennoiserie（ヴィエノワズリー）。グルグルと中に巻き込まれているフルーツが口いっぱいに広がる、至福のパン。今、パリで一番人気だそうな。残りはアパルトマンで楽しむことにして、帰途に着いた。

　今日一日、上天気の中を歩き回った。まだ5月だと言うのに、パリの暑さはなかなか。半袖よりも袖無しの方が良いぐらいだ。疲れ切ったので夕食はパンとジュースとメロンで終わりにしよう、そう思いながら帰りのバスを待った。

美食の街で日本人シェフの気鋭を食す

＊チーズ屋 『Laurent Dubois』（ローラン・デュボア）
＊パッサージュ 『Cour du Commerce-Saint-André』（クール・デュ・コメルス・サンタンドレ）
＊昼食 『Alliance』（アリアンス）
＊散策 Rue de Cherche-Midi（シェルシュ・ミディ通り）

　今朝は時差ぼけがやっと治ってきたのか、目覚めがスッキリ。まずは朝食を食べようとキッチンに立つ。昨夜もアパルトマンに帰り着く前に、水補充のためにフランプリに寄った。まるで地元でスーパー通いをしているみたいだ。ついでに BIO のジュースと jambon de Pairs（ジャンボン・ド・パリ）を買う。塩漬けした豚のもも肉を香草の入ったスープで煮込む、伝統

旅のお供の調味料達

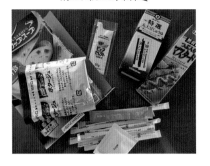

的なハム。食品添加物を使っていないが、パリのスーパーの棚には当たり前のように並んでいる。冷蔵庫から残っているアスパラを全部出し、2種共にレンチン。こうして茹でておけば、サラダにも焼くにも料理時間が短縮出来る。買ったはいいが、モリーユ茸も何とかせねばなるまいと、スープに。モリーユは水で濡らしたティッシュで軽く拭く。洗ってはイケナイ茸。茹でたホワイトアスパラと一緒にバターで炒め、残っているローストチキンをほぐして加えた。更に水を足し、煮立ったらオニオンスープの素で味を調えれば、スープの出来上がり。超簡単。メインディッシュはハムに、茹でたアスパラ・ソヴァージュ。フェタチーズもサイコロに切って添えた。ピンク・緑・白の彩りがバランス良し。ドレッシングは日本から持って来たマヨネーズに醤油とわさびで作った。パンはエデジデのパン・デザミといちじくパンの残りで。

　ハムは案外に塩気が強く、付け合わせの野菜に少しだけ塩を振った方が上等だったような。スープは安定の美味しさだが、モリーユ茸の味が出ていない。小さく切り過ぎた。マルシェで出会った婦人が「バターでソテーして、そのまま食べるのが一番よ」と（英語で）言っていたから、残っている分は絶対にそうしよう。

　朝食後、ひとっ走りして今日も買い出し。水を買うついでに、エシレのバターと偶然目に入ったバニラ風味のマロンクリームをお土産に買った。100ｇ入りのパックが４個繋がって2.09€（約300円）は安いだろう。だが、味はどうか？　モンブランが美味しい Angelina（アンジェリーナ１区）にも、マロンクリーム入りのチューブがある。パリは、いやフランスは栗の美味しい国でもあるからで。日本に帰り、トーストに塗って食べた感想はイマイチ。一緒に買った友人も同感だったらしい。悪くないけど、わざわざ買う？　そんな感じ。品出し中のいちごも真っ赤な色に魅かれて買った。フランプリは BIO の野菜や果物も置いているが、多分違うだろうと思いつつ手を出す。アパルトマンに帰るなり、サッと洗って口に入れた。大きさはあまおうと同じで、じっくりと濃い甘さ。こうなれば BIO かどうかは関係無い。買って良かった。

9:10 ────────────

　やや遅めで始まった本日の外出はバス96番で。Odéon（オデオン）駅まで行ったら、メトロ10号線に乗り換えて２つ目の駅 Maubert-Mutualité（モベール・ミュチュアリテ）で降りる。道路が空いていたお蔭で 9:30 着。マルシェをちょっと覗いた後は、パリで一番と評判のチーズ屋 Laurent Dubois（ローラン・デュボア　5区）へ。今日はお昼過ぎまで6区と5区の Boulevard Saint-Germain（サンジェルマン大通り）を行ったり来たり。

　メトロの駅を出れば、Marché Maubert（マルシェ・モベール　5区）は目の前。テントの下に約20店が並び、なかなかの盛況だ。パリで最も古い時代から続いている朝市。私が初めてパリで出会ったマルシェも、ここ（火・木・土曜日7:00 ～ 14:30）。野菜や果物は昨日のマルシェで買った。何か珍しいモノでも無いかなとブラブラ見て歩き Dijon（ディジョン）のマスタードを見つける。ディジョンと言えば MAILLE（マイユ）だが、瓶には Edmond Fallot（エドモン・ファロ）とある。バジルにはちみつとバルサミコ、胡桃等々。フレーバー・マスタードがウリの老舗。ブルゴーニュワインの名産地 Beaune（ボーヌ）で 1840 年創業。友人へのお土産を含めて４個、まとめて買って 12€ だった。

　会計をする段になって、おもむろにスマホを取り出すお店のお兄さん。紙のレシートしか知らないから、内心ビクビクして見守る。まさか？　でも、マスタードの他にもペリゴールのフォアグラ、はちみつにジャム。これだけの品々を並べておいて、詐欺は無いだろうと心を落着かせる。その気配が伝わったのか、スマホの画面を撮ります

マルシェ・モベールの市場

初のスマホで決済

ローラン・デュボア

自家製バター

ふわっふわのバンオレ

か？　と言いつつお店のカードをくれた。トレードマークのはちみつが可愛い。大丈夫だろうと納得しつつ、現金払いにすれば良かったと少し後悔が残った。マスタードの他にりんごも買い込み、次はマルシェの真後ろにあるチーズ屋のローラン・デュボアに向かう。徒歩0分。

チーズ熟成師として MOF 受賞のお店。もう何度このお店に来ただろう。自分的なスペシャルは、チーズにラム酒漬けのレーズンを貼り付けたSAINT-UGUZON（サンテュギュゾン）。他にも色々美味しいチーズはあれど、ブルーチーズには未だ手が出な

い。最近はブリーやコンテの美味しさが分かるようになってきたのも、このお店のおかげ。

チーズ屋さんで忘れずにチェックしたいのは、Beurre（ブール　バター）だ。スーパーではお目にかかれない、飛びっきりの手作り品を置いていたりする。一流のレストランで使われる正方形のバター Ponclet（ポンクレ）をやっと手に入れた時の嬉しさは格別だった。午後には必ず売り切れるが、その日は偶然残っていた。今回はどう？　と棚を見れば。長方形をしたバターがある。表面には LD の型押し。とうとうバターまで自家製にしたのだ

ろう。１個5.80€（約800円）は高いが、試しに２個買ってみた。

裏のラベルを眺めれば、ノルマンディー地方でBaratte（バラット）と呼ばれる丁寧な製法で作られるCroquant（クロカント）入りだった。食に関しては調べたり食べたりするから、頭になんとなく言葉のイメージが浮かぶ。クロカントはカリカリッと音がするような粗い粒の塩。ブルターニュ地方のBordier（ボルディエ）のバターも、そう。チーズやバターを買う時には必ず「Sous vide, s'il vous plaît.」（スー・ヴィド、シル・ヴ・プレ）と言い、真空パックにして貰う。アパルトマンに戻ったら即、冷蔵庫に。バターやチーズは冷凍すれば味が落ちる。

重くなった紙袋を手にメトロで移動する、その前に。左側のRue Monge（モンジュ通り）の角を曲がった、ちょっとだけ先にAux Merveilleux de Fred（オ・メルヴェイユ・ドゥ・フレッド　５区）がある。メレンゲのお菓子で有名なお店。買うのはタップリと残ったであろう黄味で作るパンオレ。ふわふわっとした柔らかさ。何も付けずに、そのまま千切って食べるシンプルな贅沢。１個1.10€を２個買った。チョコレートのガナッシュを挟んで貰うことも出来る。オシャレな猫がトレードマークの紙袋を慎重にバッグ

の中にしまった。

10:30 ─────────────

買い物を終え、来た道をメトロ10号線で戻る。オデオン駅で降りて、サンジェルマン大通りをÉglise Saint-Germain-des-Prés（サン・ジェルマン・デ・プレ教会）の方向に歩いてPassage（パッサージュ）、Cour du Commerce-Saint-André（クール・デュ・コメルス・サンタンドレ　６区）へ。この辺りを何度も行き来しているのに、初。入口は大通りに面しているが、今まで全く気が付かなかった。パリは本当に奥深い。

建築素材として鉄が使われるようになり、屋根の骨格をガラスで覆うことが可能になって発達したパッサージュ。パリの劣悪な道路を避けて買い物を楽しめるようにと18世紀から19世紀に盛んに造られた商店街だ。床には美しいタイル。様々な商店の他にレストランやカフェが並び、雨の日でも濡れずに買い物が楽しめた。デパートの出現で衰退したとは言え、今でも十数カ所現存している。その中で、最も古いと言われるクール・デュ・コメルス・サンタンドレ。建設されたのは1776年。鉄格子の扉をそっと開けて入れば。

レトロ感満載の小路はひっそりと静まっていた。先にマルシェとチーズ屋に寄り。わざわざ引き返して来たが、まだ早かったか？　ほとんどのお店が

プロコープ

アン・ディマンシュ・
ア・パリ

昔の面影を
写す石畳

閉まっている。パリで最古のカフェ Le Procope（ル・プロコープ）も然り。創業は1686年。パッサージュに面している裏口には、そぞろ歩きを楽しむ人々を眺めながら食事が出来るようにとテーブルや椅子が並べてあった。窓越しにフランス革命の寵児 Robespierre（ロベスピエール）の肖像画が見える。プロコープの少し先から始まるガラスの屋根は、たったの数メートル。タイルの代わりに敷き詰められた敷石。その表面に塗られた紫やオレンジ、青や赤の彩色が儚げに残っていた。300年前のパリの面影が、そこにある。

　まだ目覚めには早過ぎたクール・デュ・コメルス・サンタンドレ。10年前にはレストランやカフェ等を展開するノルマンディー地方のショコラトリー MICHEL CLUIZEL（ミシェル・クリュイゼル）が、ここに店を構えた。名前は UN DIMANCHE À PARIS（アン・ディマンシュ・ア・パリ　6区）。

広々とした間口の、ガラス扉の向こうにはチョコレートの世界が広がっている（ショップは11:00〜20:00、日曜日のみ11:00〜19:30　2019年）。その他に高級食材を扱う Épicerie Fine（エピスリー・フィンヌ　6区）。ビストロやカフェ等に混じり、手作りの文具や紙製品を売る GRIM ART（グリム・アール）が個性的な品々を窓いっぱいに並べている。

　タイムスリップした錯覚を起こしそうな、セピア色のクール・デュ・コメルス・サンタンドレ。お昼には小路を楽しむ人々の賑わいを乗せた空気で満ちるに違いない。だが、ここだけのために来る？　と考えて。パリ最古のロマネスク様式のサン・ジェルマン・デ・プレ教会を訪れるついでだったら。又はサンジェルマン大通りと交差する Rue de Rennes（レンヌ通り）の大型スーパー MONOPRIX（モノプリ）でお土産を調達した帰りにでも。それともサルトルが自宅代わりに使ったと言

う Café de Flore（カフェ・ド・フロール）でお茶をした後で、歩き足りなければ。全て、このパッサージュから徒歩数分以内の距離にある。

　歴史建造物として保護されている、パッサージュ。もう少し本格的に楽しみたかったら。一番美しいと言われているGalerie Vivienne（ギャルリー・ヴィヴィエンヌ　2区）が良いだろうか。ガラスの天井は通りの全体を覆い、壁の彫刻や床のタイルも気品に溢れている。ブティックの中にはYUKI TORII（ユキ・トリヰ）や男性用の革製品を置くAIZEA（アイセア）。子供用品のSI TU VEUX（シ・テュ・ヴー）には可愛い品々が並んでいる。

　一方、当時の雑多な雰囲気を残すパッサージュとしてはPassage des Panoramas（パッサージュ・デ・パノラマ　2区）が一番だ。メトロ8号線又は9号線のGrands Boulevards（グラン・ブルヴァール）で降りて、Boulevard Montmartre（モンマルトル大通り）を数十歩。入口から出口まで全部を見るには1時間ぐらいの余裕が欲しい。

　通りの両側には誰が買うのかと思うような古いブロマイド屋やコイン屋に混じって、レストランやカフェが並んでいる。フレンチの他に中華や和食、そしてグルテンフリーのバーガー屋Noglu（ノグル）まで。この通りには脇道が幾つかあり、19世紀から今も続く小さな劇場Théâtre des Variétés（ヴァリエテ座）や雑貨屋のHemingbird（ハミングバード）に出会うことが出来る。

　ちょっと贅沢をしたい時に訪れたいのはPassage 53（パッサージュ　53）だ。シェフの佐藤伸一氏のエピソードはTVでも紹介されたことがあったと思う。2001年に渡仏し色々なお店を渡り歩いた後、2009年にパッサージュにて開店。ミシュランの2つ星獲得に、たったの2年という伝説の人だ。

　3年前の秋に訪れた時はランチ120€のコースを選んでみた。最初の小さな餃子とセップ茸のスープはあっさりとして、茸はまるで松茸のような風味。前菜は帆立と3種の大根のフロマージュ・ブラン柚子風味。ふわっと香る柚子の香りが食欲をそそった。佐藤シェフご自慢の？　雲丹のゼリー寄せは文句無しに美味い。メインはオマール海老にフォアグラと続いた。最後のデザートに、季節のフランス産黒いちじくViollette de Solliès（ヴィオレット・ド・ソリエス）が出た時には小躍りしたいぐらいに嬉しかった。現在、新たな試みを企てているのか。店名をLa Table du 53（ラ・ターブル・デュ　53）と変え、同じ場所で仕事をしているらしい。予約必須だが、前回と同じく2か月前だったら大丈夫か？

パッサージュ・デ・パノラマ

ア・ラ・メール・ド・ファミーユ

パッサージュ
ヴィヴィエンヌ

サントゥスタッシュ教会

モントルグイユ通り

次の旅のリストに加えておこう。

　パッサージュ・デ・パノラマには、もう一つの楽しみがある。と言うか、ここに来たのならば。モンマルトル大通りを挟んで対峙する Passage Jouffroy（パッサージュ・ジュフロワ　9区）に是非寄ってみたい。うっかりすれば見逃しそうだが、通りの向こうに白い大きな門が見えている。パリで初めて暖房施設が造られたパッサージュ。蝋人形館の Musée Grévin（ミュゼ・グレヴァン）を知る人も多いだろう。突き当たりにはクラシックな2つ星の Hotel Chopin（ホテル・ショパ

ン）がある。近くにショパンが住んでいたから付いた名前と言うが、実はこのホテルの地下こそが面白いと随分後になって知った。遥か昔の商店街の通りが今なお、そのまま眠っているのだ。観てみたい！　と思うが、このホテルに滞在すれば可能かどうかは分からない。

　ホテル・ショパンの脇の階段を降りれば、パッサージュは Passage Verdeau（パッサージュ・ヴェルドー）と名前を変える。ジュフロワはイギリスのスーパー M&S（マーク&スペンサー）や洋菓子の Le Valentin（ル・

ヴァランタン）等があり賑やかで人通りも多いが、ヴェルドーは打って変わって地味で落ち着いた雰囲気。階段脇の、星の王子様のキャラクターグッズが窓辺に溢れている雑貨屋 La boîte à joujoux（ラ・ボワット・ア・ジュジュ　意味はおもちゃ箱）を過ぎれば、美術店や古書店、カフェ等が短い通りの両側にひっそりと並んでいる。

このパッサージュを抜けた先には最後のお楽しみが待っている。À la Mère de Famille（ア・ラ・メール・ド・ファミーユ　9区）はキャラメルやヌガー等の砂糖菓子、confiserie（コンフィズリー）を売るお店。1761年創業。緑色に塗られた扉を開けて中に入れば、雰囲気は日本の駄菓子屋さん？　的な庶民の匂いがする。老舗だが、敷居の高さは感じられない。並んでいるチョコレートやマカロン、ジャムにクッキーは安くはないが、馬鹿みたいに高くもなく。お土産を買った袋の中に、大きめのカードが１枚入っていた。何だろうと裏を返せばレトロなイラストが描かれた絵葉書。オシャレだ。

最初にア・ラ・メール・ド・ファミーユと出会ったのは Rue Montorgueil（モントルグイユ通り　1区）にある出店。Église Saint-Eustache（サントゥスタッシュ教会　1区）の裏側。チケットを買った fnac（フナック）

がある Forum des Halles（フォーラムデアール）の前から始まる、車が２台通れるか？　と思うような細い通り。昔は近くに中央市場があったため、食に関するお店が両側に並ぶ賑やかな商店街だ（月曜日はやや閑散）。エスカルゴで有名な L'Escargot Montorgueil（レスカルゴ・モントルグイユ）、パリ初のケーキ屋 Stohrer（ストレー）、紅茶の MARIAGE FRÈRES（マリアージュ・フレール）。一休みしたかったら、オーガニック素材がウリのカフェ Le Pain Quotidien（ル・パン・コティディアン）や EXKI（エクスキ）。通りの最後には日本でもお馴染みの Eric Kayser（エリック・カイザー）がある。圧倒的に食を扱うお店のオンパレード。その中で、可愛い店構えが気になって足を踏み入れたア・ラ・メール・ド・ファミーユ。店員さんが気さくで親切だった。同じ老舗でありながら、雰囲気がちょっと違うのがストレー。こちらは 1730 年の創業でケーキが主体。あのヴェルサイユ宮殿でお姫様にお菓子を作る職人さんが独立したお店。モントルグイユ通りに溶け込みつつも、未だに気品が残っている。お店のスペシャリティは Baba au Rhum（ババ・オ・ラム）。ブリオッシュをたっぷりのラム酒に漬けたお菓子。お酒が一滴も飲めないので、クロワッサンを買ってみた。そう、フ

マロンゴ

ランスではケーキ屋さんでも普通にパンを売っている（種類は少な目だが）。で、正解。バターの風味豊かな美味しいクロワッサン。感激モノだった。

モントルグイユ通りを日曜日に設定するのならば、出来るなら午後に。通りの両側にびっしりと並ぶお店を見逃さないようゆっくりと歩き、カフェでお茶して一息。そしてサントゥスタッシュ教会まで戻って、17:30。パイプオルガン演奏が始まる時間だ。信者でなくても参加出来る。そして無料。パイプの数はヨーロッパ最大規模の7,000本。遥か昔、モーツァルトも演奏したと言う。

11:00 ─────

サンジェルマン大通りから入り、パッサージュ「クール・デュ・コメルス・サンタンドレ」を抜けた先は Rue Saint-André des Arts（サンタンドレ・デザール通り）。弓なりに曲がる細い通り。向かったのはカフェ Malongo

（マロンゴ　6区）。さぁ、休憩しよう。右方向へどんどん歩いて行けばいい筈。

南フランスのニース。その眩いばかりに明るい日差しの中で焙煎コーヒーのお店を始めたのがマロンゴ。1934年創業。パリのカフェやスーパーで時々見かけるブランドだなと思いつつ、特に気に留めていなかった。家族がコーヒーに凝り出したのがきっかけ。何か特別なお土産をと探して、改めてその名を知ることになった。

真っ赤なプレートにくっきり浮かぶ、白い「Malongo」の文字。窓には「Salon de Café & BARISTA」。日本にスタバがやって来てから、すっかり馴染みになってしまったバリスタの言葉。カフェは最古の Le Procope（ル・プロコープ）で始まった。だが、コーヒーに特化したカフェ。特に焙煎したコーヒーを直に出すカフェは、パリでも最近の流行りだと言う。中に入れば窓際にコーヒーを淹れる器具やカップ。

棚にもコーヒーや紅茶が数えきれないほど並んでいた。豆を挽いて貰う時は500gから。パリでは通常250g単位でパックにしてくれる。それが２本……。サントノレ通りのヴェルレで買ったモカ・シダモは250gで9€。このお店は500gで20€。コーヒーに疎い人でも知っているジャマイカ産のブルーマウンテンが120€。半量の250gで60€は高いのか安いのか？

カフェオレをトレーに載せて木の温もりのある椅子に座る。周囲にはパソコンをしている人、雑誌を読んでいる人、ボーっとしている人。落ち着いた照明に控え目な音楽。なかなかに大人な雰囲気。あぁ、来て良かったと思いながらコーヒーを啜る。ゆっくり休んだら再出発だ。昼食の前に、あと２つチェックすべきお店が残っている。

サンタンドレ・デザール通りを更に先へ進めばComptoir des Savonniers（コントワール・デ・サヴォニエ）。ネットで偶然見つけた、手作り石鹸のお店。マロンゴから数分の距離。石鹸の種類の多さや透き通った美しい色合いはため息が出るほどだ。ただし気軽に買う値段では無かった。1kg 100€〜。100gにして10€〜の計算だ。石鹸と言うよりは、化粧品の部類に入るだろう。

手作り石鹸のお店を出て、来た道を戻る。パッサージュの出口（入口？）

を通り過ぎ、交差するRue de Seine（セーヌ通り）を左へ。サンジェルマン大通りを渡った先の右側にMaison Mulot（メゾン・ミュロ　6区）が見えてきた。今から約40年前の初めてのパリ。寒い中を母と二人、セーヌ通りを歩いていて出会ったパティスリー。華麗なケーキをウィンドウに並べているお店の前で買うか、買わないか迷い迷った思い出がある。お店に入る勇気が無くてやめてしまったが、今ならフランス語が未熟でも「Bonjour!」と声を掛けてスイっと入るだろうに。

パティシエのGérard Mulot（ジェラール・ミュロ）氏がセーヌ通りにお店を構えたのが1975年。あれから気にしつつも訪問する機会が無い間に、ミュロ氏は引退。Lucas-Carton（ルカ・カルトン　8区）やFauchon（フォション　8区）でパティシエを務めた人が後を引き継いだ。ルカ・カルトンと言えば、ミシュランの3つ星を長きに渡って保持し続けたレストランとして有名だ。今まで訪れたことはないし、訪れようと思ったこともなかった。シェフが交替して1つ星になった、今。行き時かも知れないと狙っている。お一人様では無理だろうか。

二十数年前になるが、恐れ多くも？３つ星レストランを経験したことがある。Vosges（ボージュ）広場の

メゾン・ミュロ

L'AMBROISIE（ランブロワジー　4区）だ。あの時はシェフのベルナール・バコー氏が健在で、日本人シェフと共に仕事をしていた。二度目に訪れた時に、生まれて初めて牛の骨髄と対面する。無理だった。馴染みのない食材にダメージが大きかったのか。それ以来、高いお金を出してまで行く気がしなくなった。現在ランブロワジーは息子さんが後を継ぎ、予約を取るのが難しい３つ星だと言う。

12:00 ─────────────

今回、やっと訪れたメゾン・ミュロ。ピンクと白の明るい庇。気取った老舗の雰囲気は全く無い。入口に下がっているロールカーテンの花籠を背負った兎はこのお店のキャラクターだろうか。小さな petit four（プチ・フール　一口菓子）が 1.40€ ～（2019 年）。パンオレは 1.20€ ～、惣菜やキッシュ

は 4.50€ と値段も庶民的。夕食用にキッシュを一つ。そして Gâteau au fromage blanc（ガトー・オ・フロマージュ・ブラン）を見つける！　珍しい‼　日本では普通にケーキ屋で売られている、チーズケーキ。何故かパリでは見かけない。食べたかったら？

パリのケーキ屋で見掛けるチーズケーキらしきモノ。それは Flan（フラン）。タルト生地に牛乳と卵、砂糖を混ぜ、流して焼く。甘さ少なめのプリンが固まったような食感。フランスの定番ケーキ、ママの味だと言う。これがチーズケーキ！　と最初に対面したのはチーズ屋のショーケースの中だった。Rue Tocqueville（トクヴィル通り）の Martine Dubois（マルティーヌ・デュボア　17 区）で見つけ、喜んで手に入れたガトー・オ・フロマージュ・ブラン。実際に食べて

みれば甘さ控えめであっさり。チーズのコクや旨味がほとんど無い。チーズ熟成師として女性初の MOF 受賞の Quatrehomme（キャトルオム　7区）でも見掛けたが、一切れが 300g はありそうな大きさ。手が出なかった。チーズ屋が売るガトー・オ・フロマージュ・ブランの体験は結局一度きりだが、どうやらティータイム向きじゃないらしい。材料の fromage blanc（フロマージュ・ブラン）はクリームチーズよりも更に軽く、ヨーグルトに近い。離乳食にも使えるというアッサリ系なのだそう。確かに。

　同じ女性チーズ熟成師として忘れずに挙げておきたいのは HISADA（久田　1区）だ。名前で分かるように日本女性。パレ・ロワイヤルの脇を走る Rue de Richelieu（リシュリュー通り）にお店がある。熟成師として MAITRE（メートル　最高位）を受賞しているツワモノ。個性豊かなチーズがウィンドウに並んでいる。中でも桜餅チーズは、このお店ならでは。桜の葉の香りが素晴らしく、貼り付けてある一輪のピンク色の花びらが可愛い。銀色のケースに生地を流し込んで焼いてあるチーズケーキは、ベイクドチーズケーキ（又はニューヨークチーズケーキ）の類に見えた。恐らく日本で味わうタイプと同じだろう。

　メゾン・ミュロのパンコーナーの左隅。目の前にあるのは、ケーキ屋のガトー・フロマージュ・ブラン。やや小さくて1個4.20€、約570円（2019年）。買わいでか！　と手を出す。更に買い物バッグが重くなってしまった。

12:30 ─────────

　どうにもならないぐらい疲れたが、ランチで2時間は休めると心を鼓舞して、バス87番に乗る。サンジェルマン大通りを朝来た方向へ戻り、Saint-Germain-Cardinal Lemoine（サンジェルマン・カルディナル・ルモワヌ）で降りる。交差する小さな Rue de Poissy（ポワシー通り）に入って数十歩。目指すランチのお店は Alliance（アリアンス　5区）。

　通りの右側にある筈のお店。二度目なのに通り過ぎてしまう。引き返して扉を開ければ、サービスの橋本氏が笑顔で出迎えてくれた。ガラス窓から見える厨房ではシェフの大宮氏が一心に仕事している。ちょっと恐いぐらいの気迫に呑まれた前回。食後に席まで来てくれて、気さくに会話したことを思い出す。ミシュラン、1つ星。déjeuner（デジュネ　ランチ）に選んだのは55€のコース。リッチに75€のコースを選びたいところだが、あまり得意じゃないフォアグラを避けた。無理せずに、全部に満足したいから。

　最初の amuse（アミューズ　口福）は小さなタルトに収まった鯖。ラ

アリアンス

黒大根と
蟹の前菜

シェフの大宮さん

メインは
鶏のロースト

ディッシュとからし菜を添えた可愛い一皿。独特の臭みが全くない。続いてタコスの上に乗った牛ヒレのタルタル。アッと言う間で、写真を撮り忘れる。自家製のフォカッチャが運ばれて来たが、アリアンスでは更に大きな田舎パンも丸々1個付く。これがまた美味しい。前回は La Parisienne（ラ・パリジェンヌ　5区）からの取り寄せ。本店は6区のバゲットコンクール2016年優勝店。今回は Boulanger de la Tour（ブーランジェ・ド・ラ・トゥール）から。鴨料理で有名な La Tour d'Argent（トゥール・ダルジャン）が開いたパン屋だ。レストランの方は（今では昔話だが）誰一人として知らない人はいない超・超有名店。日本人もハレの舞台として選んだりするぐらいの。400年以上も続く歴史があり、ミシュラン3つ星だった。それがアレヨアレヨと言う間に星を落として、今は1つ星らしい。数年前に出来たば

かりのパン屋の方は対照的に気楽な雰囲気で、種類も充実。お店はセーヌ川沿いの、アリアンスから徒歩数分の所にある。

　前菜に進もう。黒大根とラビオリに包んだ蟹を青りんごのソースで。添えてある生花が華やかなアクセント。本日のメイン。poisson（ポワソン　魚）は鰈。しっとりとした食感に、付け合わせのグリンピースが口の中でプチプチ弾ける。viande（ヴィアンド　肉）は丸ごとの鶏にオマール海老の味噌を仕込み、ローストして切り分けるスタイル。パリッとした皮の香ばしさ。肉の旨味を邪魔しないオマールの海老味噌が旨い。締めくくりは dessert（デセール　デザート）。最初に出て来たのは、ふんわりとしたベルガモットのクリームを載せたアイス。中にはいちごを仕込んである。甘さと酸っぱさのマリアージュ。2つ目は茹でたルバーブ。散らしてある小指程の焼いたメレ

ンゲが可愛い。全体的にウキウキした楽しさではなく、大人な品のあるデザート。もう少し華やかさが欲しいなと感じる。

ちょうど、ちょうどに満足出来る料理の数々。値段に見合った質と美味しさ。アリアンスが２つ星を望むとすれば、更なる冒険を価格に見合った素材で仕上げることになるに違いない。本場のパリで、シェフとしてのスタンスをどの位置に置くのか。気になるお店だ。今回も、忙しい中を再びテーブルまで来てくれた大宮シェフ。東京の次に、大阪でのイヴェントを予定していると言う（2019年８月ホテルニューオータニ大阪にて開催）。

同じパリ５区には、日本人シェフのレストランが幾つか点在している。その中でRestaurant A.T（レストランA.T　５区）は個性を大事にしている田中シェフのお店。インテリアが斬新過ぎで若干落ち着かない印象があるが、独創性はピカイチ。オーガニック素材を使うところも好感度大。残念だったのは、デザートの後の日本茶の香りがほとんど無かったこと。シェフが采配する領域では無いのかも知れないが。

もう一軒はRestaurant L'INITIAL（レストラン・リニシアル　５区）。シェフは藤沼氏と新田氏の二人組。シックな店内に、安定した美味しい料理。少しは飲める友人が頼んだシャ

ンパン。星付きレストランで使われている、有機栽培の葡萄から作られるPino-Chevauchet（ピノ・シュヴォシェ）社のモノだった。特に指定せずとも一定の品質のシャンパンが出て来れば、自然に評価が高くなる。トリップアドバイザーでは満点。口コミにもあったが、内緒にしておきたいお店の一つだ。

15:15 ————————————

昼食後は予定を少し変更して、一旦アパルトマンに戻ることにした。途中で若い女の子達が群れている古着屋に寄る。パンツが１枚、どう考えても足りない。ダラリと寛ぐ時用を忘れてしまったのだ。いつも必ず何かしら忘れ物をする。衣類が馬鹿高いパリ。そうか、古着でいいのだと買ってしまったパンツ。大き過ぎた。シャクなのでブランドを調べる。あらあら、流石にマレ地区の古着屋。Dolan（ドーラン）はオーバーサイズのデザインが特徴。あのレディーガガも着ているとか。日本に帰ったら、自分サイズに直そう。ウエストにゴムを入れて、丈を直せば、大丈夫。たったの１€だったけれどね、とほくそ笑む。

アパルトマンに帰り着き、やや疲れ気味だったのだろう。ほんの少しの仮眠のつもりが、目覚めれば16:30。パリの５月は陽が高い。まだまだ明るい陽射しの中を歩けると気を取り直して

ブヴロン村

モン・サン＝ミシェル

ラ・メール・プラール

ギャルリー・
ラファイエット
クリスマス

プランタン

窓からの眺め

ボン・マルシェ

出発したが、肝心の地元マップをうっかり部屋に置いて来た。向かうはパリ6区の Rue de Cherche-Midi（シェルシュ・ミディ通り）。この通りの名物は何と言っても老舗パン屋 Poilâne（ポワラーヌ　7区）のカンパーニュ。小麦粉を石臼で挽き、天然酵母にゲランドの塩。そして石窯で焼く。今でも同じ製法で作っているという。他にもアレコレと面白いお店が並んでいるから、ガッツリとチェックするつもりだった。仕方ない、予定に無いが Bon Marché（ボン・マルシェ　7区）を目指そう。世界初のデパート。そこまで行けば目をつぶっていてもシェルシュ・ミディ通りに辿り着けるは、大

袈裟か。

　ボン・マルシェとの付き合いは長い。流石に 40 年前とは言わないが、レトロ感たっぷりの雰囲気が好きだった。今でも館の上に残る、アールデコ調の淡い緑色した花びらのようなファサードを見れば懐かしさがこみ上げてくる。1852 年に Boucicaut（ブシコー）夫妻が創業したデパートは、現代の会社組織に負けないぐらいにシッカリした理念で運営されていた（『デパートを発明した夫婦』鹿島茂著　講談社現代新書より）。どことなく寂れ感が漂っているなと感じていたら。いつの間にかLVMH（モエ・ヘネシー・ルイ・ヴィトン）に買収されていた。改装され、

ファッションが中心の本店にはビッグブランドのブティックのようにガードマンが立っている。どこかのデパートとそっくりな没個性。

一方、食品館の La Grande Épicerie de Paris（ラ・グランド・エピスリー・ド・パリ）は改装によって素晴らしく生まれ変わった。パリ市内の老舗店、メゾン・ド・ラ・トリュフやフォション等の商品が一挙に手に入る。醤油が欲しければキッコーマン。BIO の生ハムに新鮮な野菜やチーズ。まだ生きているオマール海老。タラバガニは１kgで84€。日本で買うのとほぼ同じか。

パリに来る度にほぼ毎回立ち寄る、ボン・マルシェ。今回はこれと言った目的も無い。食品館をグルグル回ってチェックしている内に、ピンと来た。そうだ、去年友人と二人で行ったMont Saint-Michel（モン・サン＝ミシェル）。帰りのパーキングエリアで買った、オムレツで有名な La mère poulard（ラ・メール・プラール）のクッキーが思いがけないほどの美味しさだった。バターの香りに、味のあるノルマンディー産のりんご。パリ市内と言わず各国の食品を置いているのだから、フランスの名産も？　そう踏んで探せば、あった。ありました！　嬉々として買い込む。しかも安い。2.10€ から色々と。現地で買うのと変わらない。思わぬ、嬉しい拾い物

をする結果となった。

モン・サン＝ミシェルへは、パリ発のバスツアーを利用した。日本で色々調べてみたものの、自分で行くには手間と時間が掛かると判断。一泊するなら話は別だが、日帰りは団体ツアーが一番楽で便利。単純に、乗って、観て、食べる。ついでに買い物も。個人旅の合間に一つ入れるのは、悪くない。そう思う。選んだのは EMI Travel（エミ・トラベル）社。朝７時の集合に間に合えば、全て OK。フランスの最も美しい村の一つ Beuvrons en Auge（ブヴロン・アン・オージュ）の観光も付いていた。人口 2,000 以下、歴史的建造物や自然遺産を今に留める等の規定をクリアして選ばれる。

ノルマンディーのシードル（りんごから作られるブランディー）街道にあるブヴロンは、小さな川が村の端を流れる鄙びた美しい村だった。そして、モン・サン＝ミシェル。島内を案内するガイドは付かないツアーを選んだので、案内図を見ながら自分の足で歩く。日本でサラリと予習をしておいたお蔭か、見所はほぼ押さえることが出来た。唯一、うっかり漏れていたのがお土産のチェックだ。修道院を除けば、レストランかお土産屋さんばかりの小さな島。何も買わずにバスで移動して、やっと手にしたのがラ・メール・プラールのクッキーだった。

お目当てのクッキーを見つけて、さすががボン・マルシェと言いたいところだが。他のデパートも負けてない。パリで日本人に一番馴染みのある Galeries Lafayette（ギャルリー・ラファイエット　9区）。同じように2014年に新装した本館の斜め前の食品館は La Maison le Gourmet（ラ・メゾン・ル・グルメ）。その名の通り、1階には名だたるお菓子の銘店が並ぶ。Pierre Hermé（ピエール・エルメ）に Dalloyau（ダロワイヨ）。日本人の Sadaharu AOKI も。アラン・デュカスが始めたチョコレート専門店の Le Chocolat（ル・ショコラ）まで。エスカレーターで降りた地下は、お土産天国。もっともスーパーで売っている品まで並んでいるが。オペラ座の真裏にあり、歩いて数分。一年で一番華やぐのはクリスマス。店内の中央に飾られたデコレーションの素晴らしさは、一見の価値ありだ。

　ギャルリー・ラファイエットに遅れること4年。2018年にデパートそのものが歴史建造物に指定されている Printemps（プランタン　9区）も、大掛かりな改修の末に Printemps du Goût（プランタン・デュ・グー）を紳士館の上階に立ちあげた。7階にはお茶の Palais des thés（パレ・デ・テ）、プロヴァンスの銘菓カリソンに La Maison du Chocolat（ラ・メゾン・

デュ・ショコラ）等々。飲めないだけに詳しくはないが、吟味されたであろうワインの種類も凄かった。8階には生鮮食品の他に、食べるスペースが充分に用意されている。チーズは一流の Laurent Dubois（ローラン・デュボワ）、2つ星シェフの Akrame（アクラム）が仕入れる魚や野菜。パンは Gontran Cherrier（ゴントラン・シェリエ）にパティスリーは Christophe Michalak（クリストフ・ミシャラク）という凝りようだ。気軽に一流の食材を使った食事が出来る、レストラン La Viande（ラ・ヴィアンド）。窓に映る絵葉書のようなエッフェル塔を眺めながらの食事はなかなかだ。クリスマスには少し早すぎる12月。平日、火曜日のランチ。20分程度待って座れた。

17:30 ——————————————

　思いがけず手に入れたクッキーを大切にしまい込んで、さぁ行こう！シェルシュ・ミディ通りが待っている。ボン・マルシェの食品館を背に Rue Dupin（デュパン通り）を数分行った角に、お茶とコーヒーの Comptoir Richard（コントワール・リシャール）。老舗コーヒーの支店。焙煎した豆を挽いてくれる。店舗は小さめ。7区の Rue Saint-Dominique（サンドミニク通り）店の方が広く、扱っている豆の種類やリシャール・ブランドの紅茶、様々な茶器まで多種多様に揃っている。

ドラクロワ

ヴィスコンティの噴水

巨大なパイプオルガン

カフェもあるので一休み可能。自社ブランドの Assemblage des Comptoirs（アッサンブラージュ・デ・コントワール）はエレガントなハーモニーとある。苦さを示す豆の数が４つ（最大５個）。250 g で 5.90€（2017 年）だった。

シェルシュ・ミディ通りを挟んでコントワール・リシャールと向かい合うのは、３つ星レストランからも注文が入る肉屋の Yves-Marie LE BOURDONNEC（イヴ＝マリ・ル・ブルドネック）。日本ではごく普通の熟成。それがウリ。間口が一間ぐらいの小さなお店の冷蔵ケースを眺めて、和牛を発見。つい、手を出してしまったことがある。手際良くスライスして貰って、一切れ 260g が約 8,000 円（2018 年）。目が飛び出た。うっかり 1 kg 240€ を見落としていた。アパルトマンで焼いて食べたら、流石に文句無しで美味しかったが。本店は 16 区。

調理したくなければ、デパート、ラファイエットのグルメ館で実際に味わうことも出来るらしい。

肉屋ブルドネックの数軒先。セーヌ川方向に進んで À La Mère de Famille（ア・ラ・メール・ド・ファミーユ）を見つける。前回来た時には無かったと思うが。更に先に進み Boulevard Raspail（ラスパイユ大通り）を渡れば、チョコレートの Puyricard（ピュイリカール）。本店は南フランスのアルル。ビストロの Le Cherche Midi（ル・シェルシュ・ミディ）はイタリアン。シェフは本場イタリアから。その先には LOXWOOD（ロックスウッド）や IKKS（イックス）等のブランドのお店が並ぶ。この辺りまで来たら６区。やがて左側に Poilâne（ポワラーヌ　７区）が見えて来る。

最初に探すのは素朴なクッキー。ハート型 210g 入りの透明なアクリル

BOXが15.80€（2019年）。6枚入りの小さいBOXが3.10€。若干、値上げしたように思う。昔ながらの丸い花形の袋詰めだったら、もっと安いのか？　そう思いながらお土産に小箱を3つ買った。名物の大きな田舎パンは4分の1から売ってくれるが、一人では流石に持て余すだろうとやめておく。隣にはComptoir Poilâne（コントワール・ポワラーヌ）。簡単な食事も出来るし、デザートもある。ここで軽くお茶をと思っていたが、閉店中だった。ネットでは年中無休とあったが。当てが外れて再び歩き出す。

　シェルシュ・ミディ通りを更にセーヌ川の方へ向かって歩けば、やがて大きな交差点。そこが終点のPlace Michel Debré（ミシェル・ドブレ広場）。左側にケンタウロス像が立っていると言うが、迂闊にも右方向にしか行ったことがない。

　この広場から右へÉglise Saint-Sulpice（サン・シュルピス教会）までは徒歩圏内。Visconti（ヴィスコンティ）の噴水の前に聳え立つ、その姿はパリ第2の大きさだ。『ダヴィンチ・コード』の舞台として有名になったが、教会側は関係無いと言っているそうな。内部にはDelacroix（ドラクロワ）が描いた「天使とヤコブの闘い」や「悪魔を撃つ大天使ミカエル」の宗教画がある。

　この教会での、もう一つのお楽しみ。それは日曜日の10:30から始まるパイプオルガン演奏。無料。広い教会内に大音量で響き渡る音。レ・アルーのサントゥスタッシュ教会のように客席からはキーボードが見えない。奏者はオルガンの背後にいるのだろう。どこから音がやって来るのか。不思議な感覚。短い旅の合間に、パイプが奏でる音楽に耳を傾ける。それもまた日常と背中合わせの時間を漂っているような錯覚。

　この教会から更に先、徒歩10分ぐらいの所にはMusée National Eugène Delacroix（ドラクロワ美術館　6区）もある。開館時間は9:30。メトロ10号線のMabillon（マビヨン）で降りて、くすんだ赤い庇のCafé Mabillon（カフェ・マビヨン）の裏手に回る。ドラクロワ美術館はコの字に建つアパルトマンの一角に。彼が最後の6年間を過ごした館の2階には、実際に使われたパレットやモロッコへの旅で手に入れたコレクションの数々が展示されている。訪れた時にはGeorge Sand（ジョルジュ・サンド）との交流展が開催されていた。音楽家のショパンとサンドは恋人同士。その二人と、ドラクロワ。彼の人脈の広さ。ルーヴル美術館で観る「自由の女神」の躍動感。行くからと調べてこそ、全く知らなかった彼の人物像に驚嘆する。それも個人旅の醍醐味だ。

18:15 ──────

ミシェル・ドブレ広場まで来て。さぁ、セーヌ川にクルリと背を向けて戻ろう。歩き出して、パリに点在するカジュアル・ブランド Maje（マージュ）が視界に入った。来る時には気が付かなかったが。そしてポワラーヌの斜め前に GROOM（グルーム）。使い勝手の良さそうなバッグが手頃な値段で売っている。バーゲン時には必見だ。過去に何度も歩き回っているシェルシュ・ミディ通り。肉屋のブルドネックから反対方向へは行ったことがないことに、今更ながら気付く。注意深く歩いて Le Café Alain Ducasse（ル・カフェ・アラン・デュカス）を見逃さなかった。そう言いたくなる程、間口が小さい。小さなテーブルが３つに椅子が６卓。いやはや、３つ星レストランを幾つも保持している料理人のデュカスが始めたチョコレート工場とはエライ違い。それでも本格的なコーヒーを出すらしい。

フランス革命発端の地、Place de la Bastille（バスティーユ広場）から放射線状に伸びる通りの一つ。Rue de la Roquette（ロケット通り）を少し行けば、同じように通り過ぎてしまいそうな Le Chocolat Alain Ducasse（ル・ショコラ・アラン・デュカス11区）と書いた小さな丸い看板が見える。

その真下に来て、門扉の鉄格子に気付く。その奥は小路になっていて、行き止まりは庭とも呼べない庭。重くてどっしりとした扉を開けて中に入る。そこが、アラン・デュカスのチョコレート工場。手前に売り場があり、カカオの分量別に作られた板チョコやチョコバー、マンディアン等が整然とディスプレイされている。売り場の右奥は作業場。見学は不可だった。

お洒落な制服を着た日本人スタッフがいて、買い物には便利。アソートチョコ13個を箱詰めにして貰い、大きめの板チョコやチョコバー、クランチチョコに特製の保冷バッグを買って57€（2017年）。価格的には中の上。お味はと言えば。やや辛党の自分には良く分からないが、やはり中の上か。

ル・カフェ・アラン・デュカスの先。シェルシュ・ミディ通りと交差する Rue Saint-Placide（サン・プラシッド通り）を過ぎると、通りはやや閑散としてきた。美味しそうなパン屋の並びに、ハイセンスな子供用品の Marie Puce（マリー・ピュス）。芥子色の毛糸編のカーディガンが59€（2019年）。ネズミのぬいぐるみが35€は高いか？向かい合って靴の Bensimon（ベンシモン）。更にその先に紅茶の Palais des Thés（パレ・デ・テ）。このお茶屋さんもマリアージュ・フレールと同じようにパリ市内に数カ所ある。お茶

ル・ショコラ・アラン・デュカス

ポアラーヌ

子供服のマリー・ピュス

好きが集まって作ったブランドで、歴史は浅い。

　真っ直ぐ歩いて来て、28番のバスに乗り Gare Montparnasse（国鉄モンパルナス駅）へ。着いたら96番に乗り継いでアパルトマンに戻ろうとしたが、乗り場が見当たらない。ウロウロと探せば、ギャルリー・ラファイエットのモンパルナス店の脇に臨時移転していた。ここも至る所が工事中だ。終われればバス停は再び元の位置に戻るのだろう。そんなことを考えながら、真向かいの巨大な駅を眺めていた。

　市内には、パリと地方の都市を結ぶ国鉄（SNCF）の駅 Gare（ガール駅）が全部で7つある。リヨン方面へ向かう Gare Bercy（ベルシー駅　12区）と、主にパリとロンドン間を走るユーロスターが発着する Gare de Nord（北駅　10区）には今まで一度も行ったことが無い。特にベルシーは同じリヨンへ行くならパリの Gare de Lyon（リヨン駅　12区）で済んでしまうのに、何故？　現地に住む人ならば分かるのだろうか。今まで何度か利用したのは。オーヴェル・シュル・オ

ワーズやジヴェルニー行きに使った Gare Saint-Lazare（サン・ラザール駅　8区）と、ロワール川流域の古城へ向かう Gare d'Austerlitz（オステルリッツ駅　13区）。

Gare de l'Est（東駅　10区）は2年前に初めて行った。その名の通り、パリから東方面に向かう電車の発着駅。ドイツまで行く TGV（フランス高速電車）も出ている。初めて個人旅にチャレンジする友人と共に向かったのは、アルザス地方の Colmar（コルマール）。ジャムの妖精と呼ばれる Christine Ferber（クリスティーヌ・フェルベール）さんに弟子入りしてジャム作りを習った女性が北海道にいる。そのジャムがお気に入りの友人は、一度本場を訪ねてみたいそうで。コルマールからフェルベール女史が住む Niedermorschwihr（ニーデルモルシュヴィル）村まではバス。日帰りの旅としては最長の距離になりそうだと思いつつ、ワクワクした。

切符売り場のマークはコレ！

切符はいつも当日に駅で直接買う。だが、遠方への日帰りは慎重にやりたい。そこで日本のみどりの窓口的な SNCF のブティックへ行き、事前に買うことにした。向かったのはアパルトマンから近い Place d'Italie（イタリー広場　13区）の商業施設 Centre Commercial Italie 2。建設された当初は Grand Écran（グラン・テクラン）と呼ばれ、設計は日本人の丹下健三氏。東京都庁の建築デザインでも有名な人だ。地下の切符売り場のカウンターには女性が2人とパソコン。予想外に英語が全く通じない。そこで、行先・乗車日程と時間を書いたメモ見せるやり方を使った。結果は笑顔で対応してくれ、気持ち良く切符を手に。より確実性を求めるのなら、駅（SNCF国鉄）の Billetterie（ビエットリ　切符売り場）の方が良い。切符を手にしたマークをアテに探せば辿り着ける筈。以前と違い、かなり英語が通じるようになった。電車の発車時間がはっきり

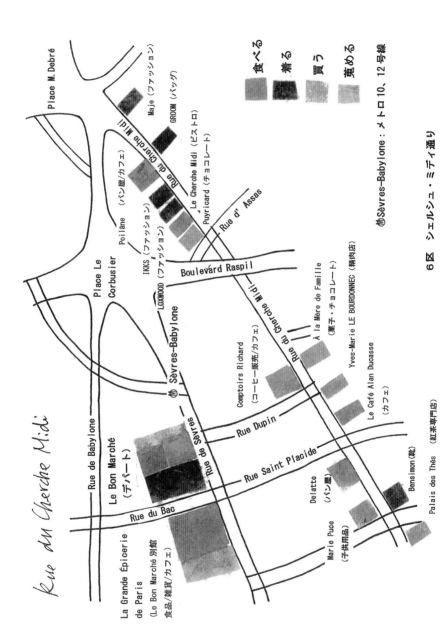

Rue du Cherche Midi

Rue de Babylone

Le Bon Marché
（デパート）

La Grande Épicerie
de Paris
（食品/雑貨/カフェ）

Le Bon Marché 別館

Rue du Bac

Marie Puce
（子供用品）

Rue de Sèvres

Rue Dupin

Rue Saint Placide

Delatte
（パン屋）

Bonsimon（靴）

Palais des Thés（紅茶専門店）

Ⓜ Sèvres-Babylone

Place Le
Corbusier

Place M. Debré

Comptoirs Richard
（コーヒー販売/カフェ）

LOXWOOD

Boulevard Raspil

IKKS（ファッション）

Poilâne　（パン屋/カフェ）

Rue du Cherche Midi

Le Cherche Midi（ビストロ）

Maje（ファッション）

GROOM（バッグ）

Puyricard（チョコレート）

Rue d' Assas

Rue du Cherche Midi

À la Mère de Famille
（菓子・チョコレート）

Yves-Marie LE BOURDONNEC（精肉店）

Le Café Alan Ducasse
（カフェ）

食べる
着る
買う
眺める

Ⓜ Sèvres-Babylone : メトロ 10、12 号線

6区　シェルシュ・ミディ通り

しない時は、日付を提示すれば教えてもくれるだろう。

　コルマールまでの交通費は、行きが RER（急行）直通で 95€（2017 年）。帰りは一部 TGV（新幹線）乗り換えで 121.70€ だった。一日に一便しかないバスの代わりにタクシーに乗って、片道 15 分。往復で 34€。一人分にすれば約 2,000 円強。フランスでのタクシー利用は案外に安上がりで、自由が利く。

　ジャムの聖地、ニーデルモルシュヴィルは葡萄畑に囲まれた高台の静かな村だった。一回りするのに 20 分もあれば充分。ワインの醸造所や村役場に混じって、教会。フェルベール女史のお店には私達のような観光客がチラホラと絶え間なくやって来る。車で駆け付けた日本人家族もいて、なかなかに繁盛していた。村のスーパー的な存在で、地元の人々のための野菜や果物、ハム、チーズ等も置いていた。

　ジャムを買い、コルマールの街に戻って昼食。その後、プチ・トラン（小さな観光バス）に乗って街を一回りしてから、そぞろ街歩き。パリへ向かう前に休憩してお茶をする頃には、10 月とは思えない寒さがやってきた。充実した日帰りの旅だったが、Musée Unterlinden（ウンターリンデン美術館）はゆっくり鑑賞する時間が無いと諦めた。帰りの電車は 18:06 発。パリ

に着いて 20:41。新幹線を使っても約 2 時間 45 分掛かる。往復で 5 時間以上。Alsace（アルザス）のワイン街道の村々に含まれるコルマール。世界遺産の旧市街やヨーロッパ最大のクリスマスツリーが飾られる Strasbourg（ストラスブール）の観光を兼ねるのならば、一泊するのも悪くない。

19:15 ——————————

　目の前の Gare Montparnasse（モンパルナス駅）は Le Mans（ル・マン）や Rennes（レンヌ）を経て、遥か遠く Brest（ブレスト）等の Bretagne（ブルターニュ）地方への発着駅として古くから使われてきた。隣の駅 Edgar Quinet（エドガー・キネ）で降りれば、ブルターニュ名物のクレープ屋が並ぶ Rue de Montparnasse（モンパルナス通り）が目の前だ。お勧めは Crêperie de Josselin（クレプリー・ド・ジョスラン　14 区）。伝統的な味とスタイルの老舗クレープ屋。しかも日本語のメニューあり。メインにスペシャル、デザートはシンプルなバター・シュガーを頼んで。出て来たのはパリパリに焼かれたガレット。ナイフを入れれば、たっぷりのチーズやハムが溢れ出す。日本で食べるコンプリを遥かに上回る量。二人で一つがちょうどだった。バター・シュガーは卓上の砂糖を好きな量だけ振り掛ける。熱々をあふあふと食べていれば、お隣

コルマール駅

「ハウルの動く城」のモデル
「ブフィスタの家」

フェルベール

のテーブルはりんごから作ったお酒Calvados（カルヴァドス）を目の前でフランべするクレープ。羨ましい！と思ったものの、既にお腹は満腹で。

パリで食べるクレープは軽くないと知って。二度目は昼食をがっつり食べるためにトリップアドバイザー5点満点の4.5、Montmartre（モンマルトル）のCrêperie Brocéliande（クレープリー・ブロセリアンド　18区）を選んでみた。カーテンが掛かる扉を開けてみれば、奥行のある赤いチェックのクロスが可愛いお店だった。予約無しで早めに行った12時前。既にテーブルは半分埋まっていた。英語のメニューを見て頼んだスペシャルは3種類のハムにジャガイモがごろごろ、そして半熟卵載せのガレット。デザートに甘党の娘が頼んだチョコレート＋オレンジの濃厚さ。店員さんのテキパキとしたサービス。食べ終える頃には満

席になっていた。ここはリピアリ。

メトロ12号線Abbesses（アベス）からすぐのクレープリー・ブロセリアンド。周辺にはバゲットコンクール優勝店のLe Grenier à Pain（ル・グルニエ・ア・パン　18区）やAu Levain d'Antan（オ・ルヴァン・ダンタン　18区）。モンマルトルの丘を少し下って、チョコレートのMaison Georges Larnicol（メゾン・ジョルジュ・ラーニコル）やChristophe Roussel（クリストフ・ルッセル）等。なかなかに美味しいモノ聖地だ。メトロ2号線のAnvers（アンヴェール）で降り、ナヴィゴやカルネを使ってパリ唯一のケーブルカーFuniculaire Montmartre（フニクレール・モンマルトル）を体験しながら向かうのもいい。丘を登り切ればBasilique du Sacré-Cœur de Montmartre（サクレクール寺院）。目の前にはパリのパノ

クレープリー

ジョスラン

ブロセリアンド

サクレクール寺院

カルネも
使えます！

K&B カフェ

アルノー・デルモンテル

セバスティアン・ゴダール

ラマ。

　時間にゆとりがあるならば。いや、そうでなくても。モンマルトルまで来たのなら、次々と新しいお店が誕生している Rue des Martyrs（マルティール通り）も歩いてみたい。アンヴェール駅まで戻り、隣の Pigalle（ピガール）に向かって少し歩く（10分前後）。スーパーの Carrefour（カルフール）の角を曲がった先が噂のグルメ通りだ。

　バリスタが淹れるコーヒーの KB Café Shop に、バゲットコンクール優勝店の Arnaud Delmontel（アルノー・デルモンテル　9区）。チョコレートだったら Sébastien Gaudard（セバスティアン・ゴダール）に HENRI LE ROUX（アンリ・ルルー）。La Chambre aux Confitures（ラ・シャンブル・オ・コンフィチュール　9区）は無添加の自然の味を生かしたジャム。

最近はトリュフのお店も出来たらしい。所謂、パリのくいだおれはココ。

20:30 ─────────────────

　一旦アパルトマンに戻り、再出発したのは16:30頃。部屋に帰り着いてみれば4時間も経っていた。その間、ずーっと歩き回ったワケではなく。時間を一番ロスしていたのは、バス。運が悪ければ待ち時間が長く、渋滞も結構にある。持病がなければメトロで移動したいところを我慢した。メトロはエレベーターやエスカレーターの無い駅が未だに多いからだ。のんびりとバスに座って、休憩代わりになったのが唯一の救い。

　夕食は朝のスープにレンジ茹でしたアスパラとニョッキを加えて、具沢山に。残ったパンオレに果物はメロンといちご。超簡単に済ませる。明日は日帰りの旅だ。

５日目
気軽にパリの城下町へ
日帰り

＊パリ郊外　Saint-Germain-en-Laye
　（サンジェルマンアンレー）
＊朝マルシェ
＊昼食　『LE 10』（ル・ディス）
＊『Musée Claude Debussy』（クロー
　ド・ドビュッシー博物館）
＊『Château de Saint-Germain-en-
　Laye』（サンジェルマンアンレー城）
＊教会のコンサート　Église Saint-
　Germain-L'Auxerrois（サンジェルマ
　ン・ロセロワ教会）

6:00 ─────────────

　予定の時間に、かっきり目覚める。完全に時差ぼけ解消。朝食は Maison Mulot（メゾン・ミュロ）のサーモンと野菜のキッシュを温めて。薄塩の上品な味わい。バターの香りは期待していた程ではなかった。ソテーしてある（多分）ジロル茸の風味が良い。果物は残っていたいちご。３日目の朝にマルシェで買ったチュイルを味見。簡単なパックなのに、しっかりしている。パリパリのままだ。旨い！

　今日はパリを離れ、日帰りの旅へ。滞在中に必ず１、２回入れるようにしている。今回は一番お手軽で、SNCF（国鉄）は使わないし、乗り継ぎも無い。バスにも乗らない。市内の主要な駅に停まりながら郊外へ向かう RER（エル・ウ・エル　高速郊外鉄道）に乗るだけ。目的の駅に着いたら、そこから先は自分の足で歩くのみ。坐骨神経痛の痛みが出た時のために薬も持った。何とかなるだろう。

　RER には A 〜 E の５路線がある。郊外に住む、又は郊外へ行く人達の足。旅人だって使わない手はナイ。手短にパリ郊外の世界遺産まで行けてしまうのだから。例えば Château de Versailles（ヴェルサイユ宮殿）。メトロ８、12 号線が交わる Invalides（アンヴァリッド）で RER- C 線に乗り換えるだけで、直に行けてしまう。しかも片道 3.45€（2014 年）と安い。

　電車に乗って約 30 分。Versailles Château Rive Gauche（ヴェルサイユ・シャトー・リヴ・ゴーシュ）の駅で降りる。インフォメーションで市内散歩をするためのガイドマップを貰ったら、ゾロゾロと行く人々の後ろを付いて行く。10 分ほどで Avenue de Paris（パリ通り）。そこを左に曲がって、狩猟の館を宮殿に作り変えたルイ 14 世の騎馬像が立つ Place d'Armes（アルム広場）に。その先に黄金の格子門。その奥に宮殿。

　何度も訪れているものの、いつも何かしら新しい発見がある。初めて Paris Museum Pass（パリ・ミュージアム・パス）を使った時は、優先入場

が出来ないと知り、がっかりした。5月の寒空の下、長蛇の列。随分と混雑するようになったと思ったが、宮殿は月曜日がお休み。そのせいで、特に火曜日は混むらしい。ソレ、知らなかった。

マリー・アントワネットとルイ16世の挙式が行われた王家の礼拝堂、煌びやかな輝きが今も失われていない鏡の間。ルノートルが造った整然とした美しい庭をプチ・トラン（小型の観覧バス）で回って、大小のトリアノン。宮殿での窮屈な生活から抜け出して子供たちと戯れた、アントワネットの村里。全部を観るためには丸1日が必要だ。

一旦休憩して、昼食を取るのなら。宮殿内にはモンブランで有名なAngelina（アンジェリーナ）があり、食事も出来る。庭園の運河の側にも売店やレストランがあり、天気の良い日は芝生に座ってサンドイッチを食べるのもいい。つい最近売店が大改造されBoutique de la cour de Marbre（クール・ド・マルブル）に変身したそうな。これは是非、また行ってみなくては！

自力で行く場合。交通費だけならば片道1,000円もせずに行けてしまうヴェルサイユ。入場券を買ったり、行列をする時間的なロスを考えれば。パリ発のツアーに乗るのも一つの手だと思う。日本語のガイドが付けば、「太陽王」と呼ばれたルイ14世の幼い頃の壮絶な苦労と絶対王政時の栄光を詳しく聞くことも出来るだろう。デメリットは、やや割高なこと。半日ツアーが多いので、宮殿だけで終わってしまうこと。宮殿専用のパスポートを買い、サイト予約をすれば。自力で行ったとしても、優先入場が出来て2,000円台で済むコースもあるらしい。

ヴェルサイユの街は京都のような城下町。郊外で感じるような鄙びた感は薄く、どことなく気品がある。長い行列の末、宮殿見学を少し端折って街へ繰り出した時は昼食を食べ損なう寸前だった。事前に探しておいたレストランは Place du Marché Notre-Dame（ノートルダム・マルシェ広場）の少し奥にある Le Bœuf à la Mode（ル・ブーフ・ア・ラ・モード）。創業80年余り。ステーキが美味しいビストロだ。年中無休（祭日を除く）。Petit déjeuner（プチ・デジュネ　朝食）は8:30からで、本格的な食事はお昼から夜までノンストップ。シックな店内は落ち着ける雰囲気で、サービスの人も感じが良かった。ただし、ステーキは最低でも300gからの注文。適度の柔らかさに肉自体の旨さ。男性ならば一人で、女性ならば二人でちょうど良いかもしれない。

あの日は出発前にトラブルがあり、近郊から運ばれる野菜や果物が人気

高速郊外鉄道

マリー・アントワネットと子供達

ルノートルの広大な庭園

ル・ブーフ・アラ・モード

ゴリュポー

イメージは
歌姫

のヴェルサイユの朝市を逃していた（火・金・日曜日開催　午後２時ぐらいまで）。残念だったが、ノートルダム・マルシェ広場には屋内の常設市場もある。食後に立ち寄り、旬のフランス産チェリーやらレッド・カラント、ノルマンディー地方のカマンベール等を買込んだ。

その後、ノートルダム・マルシェ広場を縦断する Rue de la Paroisse（パロワス通り）を宮殿方向に戻る。デザートはヴェルサイユで一番古いケーキ屋 Gaulupeau（ゴリュポー）と決めていた。クラッシックな店内。定番はレモンタルトだが、ネーミングの面白さで選んだのは３層のクリー

ムが詰まったシュークリーム Paris Versailles（パリ・ヴェルサイユ）とチョコレートとナッツのスポンジケーキ Diva（ディーヴァ　歌姫）。しっかりとした濃い味のオーソドックスなケーキだった。再びノートルダム・マルシェ広場に戻り、交差する Rue des Deux Portes（ドゥ・ポルト　二つの門通り）を行けば。天井の下のやや薄暗い通りは、まるでパリのパッサージュのようだ。雑貨やインテリア、ワインのお店がびっしりと両側に並んでいる。見て歩いて、楽しい。

8:15

今日は曇天。傘もウェアも準備して出発。静まり返った朝の空気

の中、アパルトマンの目の前を走る Rue Vieille du Temple（ヴィエイユ・デュ・タンプル通り）をバス停まで急ぐ。途中で交差する Rue des Francs Bourgeois（フラン・ブルジョワ通り）と同様にマレ地区の中でもお洒落な、この通り。MO.Co、Iro、Sandro、ZADIG ＆ VOLTAIRE、IKKS 等々。これでもかとファッションのお店が並ぶ。お茶の Palais des Thés（パレ・デ・テ）やモンマルトルのマルティール通りにもあった無添加ジャムの La Chambre aux Confitures（ラ・シャンブル・オ・コンフィチュール 3区）辺りを通り過ぎ、更に先を行けば29番のバス停だ。約30分乗って、Auber（オーベール）で降りる。RER の A 線に乗り換えるためエスカレーターを使って地下深く深く潜って、やっと改札に。そこで切符を自販機で買わずに、窓口が開くのを待った。

ついこの間まで RER 線を使う時は、改めて切符を買い直していた。最近ナヴィゴの使用範囲に変化あり！　ゾーン（1〜5）別に料金が分かれていたが、撤廃されたらしい。ということは Saint-Germain-en-Laye（サンジェルマンアンレー）までナヴィゴを使えば、タダ？　窓口に女性が立ったのは、9時。そして確認。やった！「OK, OK. No problem.」と笑顔で答えが返って来た。実際に試すのは次回の旅になり

そうだが、ヴェルサイユもナヴィゴで行けてしまうに違いない。

サンジェルマンアンレーは、3つに枝分かれしている A 線の終点の一つ。間違わないように、ホームの案内をグッと注意して見る。電車が来る頻度は多いが、朝の新宿のような混み具合だった。先に乗っている人達を押せ押せで乗る。慣れていなければ、ちょっと躊躇うほど。凱旋門駅を通り過ぎ、Défense（デファンス）辺りで少し減って、Nanterre-Université（ナンテール・ユニヴェルシテ）で大勢の人が降りて行った。そうか、パリ大学だ。学生の他にスタッフだけでも大勢の人が働いているのだろう。終点に近づくにつれガラガラになって来た電車は3階建て。車両の先頭には行先案内の電子掲示板がある。行先を改めて確認して、ホッ。

オーベールから電車に乗って約30分。サンジェルマンアンレーに着く。パリへの通勤圏の、静かな高級住宅地。地下の駅構内は小さな商店街になっていた。そして地上に出れば、目の前に Château de Saint-Germain-en-Laye

サンジェルマンアンレー

マルシェ・ヌフ

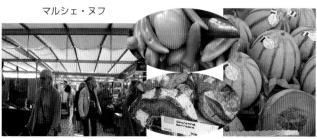

パスカル・ル・ガック

日曜も
オープン

メゾン・ルメール

（サンジェルマンアンレー城）。お城の予想外の大きさに驚きつつも、まずはマルシェに向かって、駅を背に右の小さな道を。途中にスタバ。その先の小さな広場に標識。一番上の Place du Marché（マルシェ広場）を確認して、更に先へ。Rue des Louviers（ルヴィエ通り）に出て、突き当たりに丸い大時計が見えたら、Rue de Pologne（ポローニュ通り）を右へ。

　あった！　Place du Marché Neuf（旧マルシェ広場　火・金・日曜日7:30〜13:00 ぐらいまで）だ。Neuf は新しいと言う意味。だが、パリの Pont Neuf（ポン・ヌフ）のように。当時は一番新しく、長い年月を経て現代に至っては一番古い。この市場も多分そうなんだろう。広場には白いテントがびっしりと幾つも並び、新鮮な野菜や果物の他に衣料品やバッグの露天が並んでいた。骨付きのベーコンに、八百屋ではサラダ菜一摑み。アメリカン・チェリーにそっくりのフランス産チェリーとじゃが芋。最後にアーモンドを買い込んだ。テントを渡り歩きながら、地元の人々に混じってチラチラと日本人家族を見掛ける。パリから来たのだろうか。気が付けば、テントは行き

交う人々でいっぱいだ。パリ近郊でも、人気のマルシェというのは本当のようだった。

マルシェの後は、この広場でもう一仕事。探すのはチョコレート界のレジェンド、Pascal Le Gac（パスカル・ル・ガック　火～土曜日10:00～19:00、　日曜日10:00～13:00、月曜日休）本店。あまりウロウロとせずとも、すぐに発見。広場の脇を走るポローニュ通りに面している、チョコレート色の扉を開ければ。チョコレートの他にマカロン、ケーキ、サブレ等のお菓子が溢れ、お客もひっきりなし。オレンジピールとヘーゼルナッツの板チョコや詰め合わせ、ハート型のチョコ等々で33€（4,000円ちょっと）。最近日本にも支店が出来たと言うが、この街に来たのならば。立ち寄ってみたいお店であることに変わりない。

マルシェでの買い物とチョコレートが入ったエコバッグを手に、時計を見れば11時少し前。ランチまでの時間を Musée Claude Debussy（クロード・ドビュッシー博物館）で過ごそう

とマルシェから丸い大時計まで、来た道を戻る。その途中、如何にも地元のパン屋らしい Maison LEMAIRE（メゾン・ルメール）が目に入る。黒い庇に小麦の絵。全体を暖かい赤で塗ったお店に、お客がどんどん吸いこまれてゆく。思わず入ってみた。パンの他にタルトにパイやケーキ。そのどれもが美味しそうだ。焼き立てのマドレーヌが山盛りに！　思わず手が出た。

大時計まで戻って少し通り過ぎた所で左に曲がれば、Rue au Pain（オ・パン通り）。歩いても5分程度で終わってしまう、この短い通りの中程にクロード・ドビュッシー博物館がある。ピシリと閉まった扉には、「MAISON NATALE CLAUDE-DEBUSSY（ドビッシーの生家）水～金曜日14:00～18:00、土曜日15:00～19:00、日曜日15:00～18:00」と記してあった。

ネットで調べた時は無料とあった入場料も5€。ありゃ、これは早過ぎた。仕方が無いので、こんな時はぶらぶらと街歩きに回ろう。ついでに今日のランチのお店、ルヴィエ通りの LE 10

レストラン LE10（ル・ディス）

（ル・ディス）を下見する。そうだ！予約も済ませておこうと店内に声を掛ける。英語が通じて、無事に完了。その後は駅前のスタバまで戻り、トイレ休憩を入れた。予想外のゆとりタイム。自由な感じが、またいい。

再び戻って来たル・ディス。サービス係の女性に迎えられて奥の席に着く。トリップアドバイザー4.5の高評価。日本人の口コミはまだ無い。お得な前菜＋メイン＋デザートの定食は35€。58€の方は、今が旬のプチ・ポワ（グリンピース）＋メインは帆立＋デザートにチョコレートムース。両方共お決まりで選べない。そこで、自由にメインとデザートの2品に決める。二人ならば前菜を一つプラスして分け合いたいところだ。

メインはアスパラを添えた牛のステーキ。デザートにいちごのミルフィーユ。40€になってしまうが、多少の差だったら好きなモノを食べたい派。暫く待って、アミューズが出た。チーズと（多分）蕎麦の実をカリカリに焼いたチュイルがすきっ腹に響く。塩気がやや強い。料理にワカメを使ったりするシェフだから、蕎麦の実で当たっているだろう。次に運ばれて来た、メインの肉を見て訝しく思う。これは、どう見ても豚。ナイフを入れて切り口を見れば、ピンク色。肉汁と塩だけで食べる肉が、みっちりと濃い。脂

身のしつこさも無い。付け合わせにはアスパラと共にモリーユ茸が付いて来た。思わずにんまり。肉の旨さと付け合わせの良さに、疑問が頭の隅から飛んでいった。最後のデザートだけは予想通り。キャラメル掛けされたパイが香ばしい。挟まれているのはいちごとクリーム。添えてあるアイスクリームがバジル‼　この独創性。シェフはパリで修行した後に、この地で独立したらしい。とにもかくにも美味しい昼食にありつけた。

食後は直、ドビュッシーの生家へ。生まれて2歳までしか住んでいなかった家はMusée（ミュゼ　博物館）と言うモノの。小さな中庭を挟んだ、元は個人宅。2階に上がれば、彼が使ったであろう数点の道具が展示されているテーブルが一つ。壁に楽譜。全くシンプル。地元の小学生が見学に来ていたが、物足りない気持ちは拭えない。観光案内所を兼ねているのに、マップを貰うことすら忘れて出て来てしまう。あっという間だった。

この街での最後のミッションは、やっぱりお城。駅前に戻り、まずは腹ごなしに庭を散策。パリは曇りだったが、打って変わって素晴らしい晴天になった。陽射しが強くて暑い。きっちり直方体に剪定され整然と並んでいる木立の間には、午後のひと時を寝そべったり、座り込んだり。好き好きに

楽しんでいる人々。造園したのはヴェルサイユでお馴染みのルノートル。と言うことは……。

サンジェルマンアンレー城は城砦として始まり、ダヴィンチをフランスに招聘したフランソワ1世が城として再生させた。そして、ヴェルサイユ宮殿を造ったルイ14世がこの城で生まれている。フランス王家がしっかりと確立したハジマリの場所と言って良いのかも知れない。後にナポレオンが騎兵隊の訓練所を置いた時期もあり、更にその後はナポレオン3世が考古学的な品々を持ち込むようになった。現在は国立考古学博物館を兼ねた、お城。考古学ねぇと迷い、興味を魅かれたExposition（特別展）の方へ向かう。

入城料とは別に6€を払った特別展（2019年7月で終了）のテーマはHENRI Ⅱ（アンリ2世）。父親のフランソワ1世とそっくりの面長な顔。彼は、ある国の王子と同じく。結婚前から年上の女性と長い付き合いがあり、結婚後も続いていた。アラアラと、初めて彼に興味を持ったのは。ロワール河の古城の一つ、世界遺産のChâteau de Chenonceau（シュノンソー城）へ行くための下調べをしていた時だ。彼と結婚したのはイタリアの富豪、メディチ家のカトリーヌ（カテリナ）。その頃のフランスは洗練された国ではなく。食事はナイフとフォークを使っ

て上品にとか、デザートにアイスクリームやマカロンと呼ぶお菓子を食べるとか。全て彼女がフランスに持ち込んだ。で、肝心の女同士のバチバチはどうだったのか？　愉快なワケが無い。王が馬から落下して死んだ後、愛妾ディアーヌを追い出して正妻のカトリーヌが乗り込んだのがシュノンソー城。美しさではディアーヌの勝ちでも、根性では負けてなかったよねってところが面白い。

まるで川に浮かんでいるかのような、美しい姿を留めているシュノンソー城。あの時は古城巡りで人気のパリ郊外の街Tours（トゥール）から行くツアーを探し当てた。Château d'Amboise Amboise（アンボワーズ城）とロワール・ワイン醸造所見学がセットで、英語によるガイド付き。ツアーを降りた後は、古城のホテルChâteau De Pray（シャトー・ド・プレ）で一泊して本格的なフレンチも楽しんだ。

今、行くなら？　と国鉄のサイトをチェックする。どうやら現在もパリからは乗り継ぎ無しでは行けないようだ。しかも、シュノンソーの駅からは結構に歩く。再びチャレンジするとしたら。パリ発の日帰りで数カ所の城を巡るツアーが良いのか？　多少高く付くが日本語ガイド付きで。いや、元気を振り絞って自力で行くか？　まだまだ悩むだけの気力はある。

サンジェルマンアンレー城

ルノートルの庭

アンボワーズ城　　ダヴィンチの墓と
彼の発明　　　　シャンボール城

　サンジェルマンアンレー城の基礎を造ったのがフランソワ1世とくれば、da Vinci（ダヴィンチ）。ダヴィンチと言えば、アンボワーズ城と Château du Clos Lucé（クロ・リュセ城）。国鉄を使い、乗り換え無し（時間によっては乗り換えあり）でパリから手軽に行けるロワール河沿いの城。そして世界遺産。ツアーに頼ることなく、個人でもラクに攻略出来る。ガイドが付かないので事前に勉強しておけば、より盛り上がる。

　昨年の冬（2018年）。アンボワーズへ友人と二人で久し振りに再訪。パリの国鉄 Gare d'Austerlitz（オステルリッツ駅　13区）から出発した。行きは 9:25 発で途中 Orléans（オレルア

ン）乗り継ぎの 11:40 着。帰りは直通で 17:40 発のパリ 19:32 着。片道約2時間の旅。パスポートを見せて往復を買えば片道が安くなるのは、60歳以上に与えられるほんの少しのオマケ。合計は 67.20€（2018年）。約 10,000円だった。

　この城も元は要塞で、遥か昔に訪れた時は武骨なイメージが強かった。最盛期は 16 世紀のフランソワ1世時代。根っからの旅好きか？　人生の大半を海外への遠征に使ってしまった王様だ。イタリアで出会ったダヴィンチに惚れ込み、遂にフランスに呼び寄せてしまった。城にはダヴィンチが晩年を過ごしたクロ・リュセ城と行き来出来る地下道がある。王とダヴィンチは夜

な夜な何を語り合ったのだろう。その秘密めいた入口のチェックをうっかり忘れてしまったが、久々にアンボワーズ城を観て驚いた。どこもかしこも綺麗に整備されている。フランスで初めて用いられたイタリア風の庭も随分と見栄え良くなったのは、世界遺産に登録されたからか。敷地内に建つ La Chapelle Saint-Hubert（サン・テュベール礼拝堂）にはダヴィンチが埋葬されている。クリスマス仕様なのだろう。ステンドグラスに白い百合の花とイルミネーションが際立っていた。冷たいタイルの床の下に眠るダヴィンチも喜んでいたに違いない。

　アンボワーズ城から徒歩10分程度で行ける、クロ・リュセ城。新たに作られたのは城の庭に広がる Parc Leonardo da Vinci（レオナルド・ダヴィンチ・パーク）。彼の発明を具現化した器具が所々に置かれ、実際に体験することが出来る。途中にはレストランもあり、歩きながら楽しめるアスレティックな庭。日本語のパンフレットもあったが、冬季閉鎖中で入場出来なかった。しごく残念。城の内部もかなり現代的に手を加えられていた。以前は IBM がダヴィンチの設計図から起こした発明品を視覚化して並べているだけだった。今は、使い方まで VTR で見せてくれる。ダヴィンチが没して500年。時を超えて、天才の

叡智を垣間見る。そんなワクワク感が、この城にはある。

　帰り道に街の案内版を見て、また驚いた。古城のホテル Château De Pray（シャトー・ド・プレ）が今でも健在！ダブルの部屋で1泊20,000円〜。食事は別。アンボワーズの街からはタクシーで。体力に自信があれば歩きでも。部屋料金なので、一人では勿体ない。二人ならばちょうどの、いい感じ。城としては小型ながら、廊下には甲冑を纏った騎士の像。窓から庭が眺められる部屋は広々。夜には豪華な夕食。悪くない。

　パリから直通で簡単に行けるお城としては Château de Blois（ブロア城）もある。だがブロアまで来たら。Château de Chambord（シャンボール城）へ是非行ってみたい。映画『美女と野獣』の実写版モデルにもなった、ロワール河最大の城が待っている。元は狩猟の館。それをフランソワ1世が改造。サンジェルマンアンレー城然り、彼は旅だけでなく建築も大好きでスケールが大きい。注目すべきは二重の螺旋階段。降りる人と上る人がお互いに出会い頭にぶつからないように設計してある。こんな工夫はダヴィンチでしょと思うが、明確な証拠は無いらしい。とにかく大きな城だ。フランソワ1世が亡くなった後は、色男のアンリ2世が引き継いで出来上がるまで

に20年。様式はイタリアから持込んだスタイルをフランス風に変えた、フレンチ・ルネサンス。部屋数だけでも440室。暖炉を使うための煙突が365本。こうして造られた城だが、住みづらくて他の王様には人気が無かったらしい。で、またまたルイ14世の登場。彼はこの城をいたく気に入って、一番豪華な部屋を占領してしまった。さすが、太陽王。屋上のテラスに立てば、ヨーロッパ最大の広さを誇る庭が眺望出来る。一つ一つの様々な彫刻に彩られた塔や鐘楼も美しい。あぁ、ここに来た甲斐があったと実感する。

初秋の頃。家族3人で行った時はブロアの駅からタクシーを使った。片道35€（2014年）。一人当たりにすれば1,600円。バスより高いが、時間を気にせずに済むと言うメリットがある。約30分で城に到着。料金を払った後で、「Retour Gare Blois, s'il vous plaît.」（ルトゥール・ガール・ブロワ、シル・ヴ・プレ　ブロワ駅まで帰りをお願いします）と言って、忘れずに帰りの時間17:00を書いたメモも見せた。タクシーがきっちりと約束通り、再び私達の目の前に姿を現した時には正直ホッとしたが。

広い駐車場、カフェ、トイレ（有料小銭を用意）等々。以前よりも、随分きちんと整備されていたシャンボール城。お勧めはバスが運行しているハイ・シーズンだろう。4月〜8月辺りまではブロア駅から午前、お城からは午後のバス便があるらしい。持ち帰ったパンフレットにはカフェの営業も4月〜9月までとあった。

交通が不便な城に挑戦する時は、無理と思ったら止める決断が必要。どうしても決行したい時は、日程を帰国日の直前にしない。それが鉄則。何かの事情で万が一、当日にパリに戻れない場合。駅周辺のホテルに宿泊すれば、翌朝にパリへ戻るのは容易いことだ。更にカードを常備していれば気持ち的にも楽。フランスはカード社会。手持ちの現金が少なくても、いきなりのホテル宿泊に即対応可能。いつも心の準備をここまでするか？　と思うが、全て自己責任の旅。常に色々なパターンを頭の中に用意しておく。時にはあっさりと引き返し、無理はしない。

15:40 ——————————

最後にお城を観て、電車でパリへ戻る。RERのAuber（オーベール）駅からバス停を探しながら歩いて3、4分。l'Opéra（オペラ座）の脇に出た。ここも工事中。幾つかあるバス停の側には待っている人々が列を作っている。待てど暮らせど、なかなかバスがやって来ない。このまま待つか？　それとも確実に早く着くメトロに乗るか？　思案しながら立っている場所のお向かいはオペラ座の見学用入場口。正面か

ら見れば、左手に回った奥。ナポレオン3世の時代に建設され、設計者の名前を取って Palais Garnier（ガルニエ宮）とも呼ばれている。荘厳な外観も素晴らしいが、一度は内部を見学する価値あり。入場時間（10:00）の少し前に行けば既に行列が出来ていて、切符売り場は簡単に分かる。ゾロゾロと動く列と一緒に移動し、セキュリティを受けて中に入る。切符は自販機（クレジットカード用）か窓口で。

見所は豪華絢爛な内装と、Marc Chagall（マルク・シャガール）の天井画「夢の花束」。柔らかな色遣いが劇場の騒めきを軽やかに包み、ふわっと満たされる。古い脚本や資料を収めている図書室や、ここだけでしか買えないお土産や CD、DVD を置いているブティック。一旦外に出て、正面に回る途中には改装されたばかりのレストラン。楽しみ方は色々だ。

オペラ座とは言うモノの、主に上演されるのはバレエ。鑑賞の一夜をスケジュールに組み込めば、旅も一味違ってくる。特にドレスコードがあるワケじゃないが、その日のために気分を変える服を一着だけキャリーケースに入れておく。それも心躍る、一工夫。チケットの買い方は音楽の時と全く同じ。サイト Classictic.com（クラシックティク・コム）で〈パリ　オペラ座〉で検索すれば、日程や料金が分かる。購入は直接、オペラ座で。販売は 11:30 から。見学時間より少し遅い。窓口の女性から「午後に来ても大丈夫よ」と言われ、午後2時頃に行ってみれば。希望の席は売り切れだった。友人と二人。「買った‼」の一声で Optima（オプティマ）の席をガッチリと手に入れる。前列のど真ん中で130€（2017年）。常に頭の中では駄目なら駄目でいいじゃないかと思っているが、今までチケットを買えなかったことが無い。不思議だ。

Avenue de L'Opera（オペラ大通り）の突き当たりに位置する、オペラ座の正面玄関は夜の公演のためにある。開場は30分前。席へは案内嬢が導いてくれるが、少しでも遅れれば大勢の人に押されて身動きが出来ないぐらいに混む。通常は、席を選ばなければ午後でも大丈夫だろう。但し、特別公演の時等は別。相当早く手を打たなければ駄目かも知れない。バレエ好きだったら、事前に日本で買うのもアリだろう。

公演の合間。休憩時にはカウンター・バーが開かれる。ドクターストップの自分。お酒を片手にお喋りを楽しんでいる人々が羨ましいと思いつつ、夜の劇場を見て歩く。歴代のプリマの衣装を一つ一つ眺めるのも楽しい。パンフレットは売り切れていたが、ブティックは夜も開いていた。上演後は、19世紀から続く Café de la Paix（カ

夜のオペラ・ガルニエ

マルク・シャガール
「夢の花束」

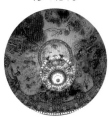

バスティーユ記念塔

オペラ・バスティーユ

フェ・ド・ラ・ペ）のテラスで歓談するのも楽しいだろう。ヘミングウェイが『日はまた昇る』の一節をこのカフェで書いた。見かけはゴージャスでも、実際は気楽に食事も楽しめるお店だ。

一方、パリでオペラを観たければ。メトロ1、5、8号線が交わるBastille（バスティーユ）へ。駅を出て階段を上り、Place de la Bastille（バスティーユ広場）に立てばL'Opéra de la Bastille（オペラ・バスティーユ　12区）の独特の曲線が銀色に光り輝く劇場が目に飛び込んで来る。新しいと言っても、既に30年。

チケットはBILLETTERIE（切符売り場）の貼り紙に従って、劇場の正面から右へ徒歩約3分。セキュリティ場を通ってから、売り場で並ぶ。窓口では英語OK。昨年（2018年）「セヴィリアの理髪師」のチケットを買おうと来たものの、またまた出遅れた。残っていたのは最後の一枚160€（約21,000円）。そりゃ、買いましたとも。ちゃんと粗筋を勉強して来ましたから。購入の際にメールアドレスを聞かれ、

何故？　と思ったら。帰国後にサイトOpéra National de Paris（オペラ・ナショナル・ド・パリ）から案内メールが来るようになった。今年（2019年）の9月にはプッチーニの「Madame Butterfly」（蝶々夫人）。上演プログラムを前もってチェック出来る。有り難い。

　ここでも、ドレスコードの心配は要らない。オシャレをしてテンションを揚げるのもアリだが。マチネ（昼公演）の時には親子連れもチラホラと。舞台の上には英語のテロップ。上演内容が分かり易い。イタリア語だったりする、オペラ。フランス人にとっても外国語だからか。

　短い幕間にはシャンパンやワインを楽しむ大勢の人々が、大きなカウンターの前に並ぶ。甘党にはアイスクリーム（ハーゲンダッツ）やタルト、エクレール。サンドウィッチにサラダもある。群がるようにワッと場内から出て来た人々を見た時は、流石に驚いた。迷った挙句に、たった5分足らずでアイスクリームを制覇して席に戻った思い出。そんな自分を、今でもクスッと笑える。

16:50 ─────────────

　1時間以上も掛けて、オペラ座からアパルトマンに辿り着く。メトロに乗れば30分ぐらいだった筈。傷む足を庇ったせいだが、忌々しい気持ちが少し湧く。今夜は教会でのコンサートが控えている。夕食はあり合わせの食材で、調理もせずに済ませた。ハムにマルシェで買って来たサラダ菜、りんごに、残っていたパンオレ。なるべく休憩時間を取りたい。サンジェルマンアンレーのパン屋で山盛りに売っていたマドレーヌを1個だけ味見する。やっぱり！　見た目通り。甘さ控えめでバターの香りもたっぷりだ。もっと買えば良かった！

　ほんの少しだけ休憩して、アパルトマンを出る。向かうはメトロ1号線のLouvre-Rivoli（ルーヴル・リヴォリ）。ヴィヴァルディとモーツァルトの名前で深くも考えずに買ってしまったチケット。教会の場所を再確認してみれば。サン・ジェルマン・デ・プレ教会の近くどころか、7区でさえありゃしない。またしてもの、うっかりミス。Église Saint-Germain L'Auxerrois（サンジェルマン・ロセロワ教会）は1区。慌ててパリ初のスマホ検索をすれば。ルーヴル美術館のすぐ裏手だった。今はフランス語が出来なくてもスマホが通訳の代わりもする時代だ。便利な時代になったが、自分的にはどんなに拙くてもフランス語を使いたい。ナマで触れ合う。それが個人旅の醍醐味でもある訳で。

　サンジェルマン・ロセロワ教会の鐘の音で、フランス史上最大の虐殺「聖

サンジェルマン・ロセロワ教会

フィルハーモニー・
ド・パリ

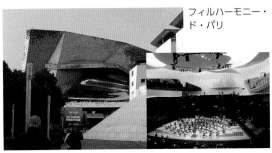

バルテルミーの虐殺」が始まったと言う。確証は無いらしいが、命令を下したのは王の死後に摂政となったカトリーヌ・ド・メディシスらしい。宗教戦争の典型的なパターンなのか？　政の裏は読み辛い。何度もウロウロしているこの辺り。今まで振り返りもしなかった教会だが、予想以上の規模と美しさだ。

　演奏時間よりも早めに着いたせいか、空席が多い。前の方に座り、チラシを良く見れば。ヴィヴァルディとモーツァルトの名前の間にGLORIA（グローリア　ミサ曲）と書いてある。はぁ、またしてもやってしまった。指揮はPaul Kuentz（ポール・ケンツ）。アメリカのカーネギー・ホールでデビュー。三度のディスク大賞受賞。華々しい経歴の持ち主。それも後になって知った。本格的なミサ曲を聴くのは初めてだが、若干アテが外れた気持ち。男性のコーラスにソロの女性の声がひときわ教会に響き渡る。悪く

ない。でもクラシックを聴きたかったなと思いつつ、会場を後にした。

　今までに数カ所で教会の有料コンサートを聴いてきたが、ヴィヴァルディにしてもモーツァルトにしても馴れ親しんだ楽曲ばかりだった。今回の勘違いはソコから来ている。例えば、昨年のマドレーヌ寺院では。シューベルトの「Ave Maria」（アヴェ・マリア）、パッヘルベルの「Le Canon」（カノン）、ヴィヴァルディの「Les Quatre Saisons」（四季）という具合。サント・シャペルも似たような内容だ。自分的にお勧めはミサよりも、こちら。教会でのコンサートはスペースの関係もあり、室内楽がほとんど。楽器はヴァイオリン、チェロ、ヴィオラ等のカルテットやクインテットが多い。ピアノは入ったり、入らなかったりの。ちょっとマンネリ？　と一度だけ本格的なオーケストラに挑戦したことがある。

　きっかけは新しい音楽ホールがパリ

に出来たから。パリで2番目に広い Parc de la Villette（ラ・ヴィレット公園　19区）の中に Philharmonie de Paris（フィルハーモニー・ド・パリ　19区）が現れたのは2015年。気が付くまでに3年も過ぎていた。最寄りはメトロ5号線の駅 Porte de Pantin（ポルト・ドゥ・パンタン）。案外にパリ中心部から近い。電車を降りて地上に出て。目の前の広場の向こうに見えているのは Café des Concerts（カフェ・デ・コンセール　19区）。開演前のひと時を過ごす人々が大勢テラスに座っている。その奥が巨大なコンサートホール、フィルハーモニー・ド・パリ。モダンな建物の、鱗を貼り付けたような壁が夕陽に輝いていた。

　内部に入って驚いた。客席が中央のステージをグルリと取り囲んでいる。四方から音を聴くことが出来る設計。これはアリーナ型ワインヤード形式と呼ぶそうな。一緒に来た友人が「札幌にもあるよ」と。知らなかった。故郷も色々と変わって行く。今夜は「Andras Schiff（アンドラーシュ・シフ）＋パリ管弦楽団」の共演。演目はベートーヴェンの「ピアノ協奏曲第4番作品58」等。日本でネット検索したチケットは60€。パリの fnac（フナック）で買って55€。残り15席だった。全部で2,500席もあるのに、だ。プログラム次第では5€の違いを気にせずに、日本でゲットが正解かも知れない。2017年には、更に新たなホール La Seine Musicale（ラ・セーヌ・ミュジカル）がセーヌ川に浮かぶ Île Seguin（スガン島）に出来たと言う。自動車会社ルノーの跡地を設計したのは、日本人の坂茂（ばん・しげる）氏。今後も彫刻公園や商業施設、映画館等が建つ予定とある。アクセスはメトロ9番線の終点、Pont de Sèvres（ポン・ド・セーヴル）。次回の旅への宿題が一つ、また増えた。

6日目
パリジェンヌ気分で
人気の街歩き

＊Rue du Bac（バック通り）の甘いお祭りと新しいパッサージュ『Beaupassage』
＊散策 Rue Cler（クレール通り）Rue Saint-Dominique（サン・ドミニク通り）
＊休憩後の散策 Rue du Pont Louis-Philippe（ルイ・フィリップ橋通り）

6:30 ─────────────

パリに来て、起床時間がすっかり6時台になってしまった。どんなに早く起きてもパリの目覚めは遅く、商店等はほとんど10時を過ぎないと開いていない。朝の内に必要な買い物を済ませたかったら、8時半ぐらいにスーパーへ。

早起きした時の時間の使い方。前日に慌ただしく書きまくったメモの整理。次に無料の固定電話で日本の家族へ電話。その後は、朝食の準備。ほぼ同じローテーションで毎日が過ぎて行く。本当にパリで暮らしているような感覚。

今朝はじゃが芋をレンチンして、マルシェで買った骨付きベーコンをエシレバターでソテー。サラダ菜を敷き、残っていたアスパラと共に盛り付ける。パンオレは例の方法で温めたら柔らか

さ復活。ジャガ芋のねっとり感がいい。北海道生まれには嬉しいフランスの芋天国。食後のデザートはサンジェルマンアンレーで買った甘くて瑞々しいチェリーとマドレーヌ。旨い！

8:50 ─────────────

少しノンビリし過ぎて、予定よりも30分遅く出発して69番のバス停へ。今日は土曜日で道路は空いているが、便数が少ないということか。なかなか来なくて、随分と待たされた。向かうのはBeaupassage（ボーパッサージュ 7区）。パッサージュと名前がついているが、天井は無く。元は2つの中庭をあれこれと8年の歳月を要して改造し、パッサージュになった。

メトロだったら12号線のRue du Bac（バック通り）で降りる。バスはRue du Bac-René Char（リュ・デュ・バック ルネ・シャール）で。一度来ているせいか迷わずに着く。

途中にチョコレートのChapon（シャポン 7区）。十字路を左に曲がってRue de Grenelle（グルネル通り）に、お菓子のDalloyau（ダロワイヨ）。そのまま進めば、やがて右側に入口が見えて来る。3つの通りに隣接するというが、グルネル通りが一番分かり易い。スーパーのCarrefour（カルフール）の脇から始まるボーパッサージュは食の世界の職人のお店が集まった、まさにキラキラなスペー

ボーパッサージュ

メルシー

ピエール・エルメ

ティエリー
マルクス

ス。その拘り方が半端無い。デパ地下を遥かに超えた感が満載だ。

　３つ星レストランのシェフ、Yannick Alléno（ヤニック・アレノ）のビストロ。Thierry Marx（ティエリー・マルクス）のパン。ご存知、Pierre Hermé（ピエール・エルメ）のカフェ。肉職人のAlexandre Polmard（アレクサンドル・ポルマール）のブティックとレストラン。ブルターニュからやって来たのはOlivier Bellin（オリヴィエ・ブラン）。彼は海の幸が気軽に楽しめるレストランを開いた。隅っこには京都のバリスタの山口淳一のスタンド％ Arabica（％アラビカ）。美食の街、リヨン近郊からはAnne-Sophie Pic（アンヌ・ソフィー・ピック）の Daily Pic（デイリー・ピック）が。３つ星レストランの女性シェフでありながら、コンビニのようなスタイルで気軽に食べるイートインのお店を展開している。

　真っ先に向かったのは、ティエリー・マルクス。小さなクグロフと砂糖をまぶしたブリオッシュ。ついでにチョコレートのマドレーヌを１個だけ買って、％アラビカのカフェオレと共にベンチに座って一休み。

　まだ庭の木は植えたばかりの若々しさで、充分な木陰を作ることも出来ないでいる。それでも、緑に囲まれているのは気持ちが良い。なんて贅沢な時間。去年は出来たばかりのボーパッサージュを見て歩き、ポルマールのレストランでランチを食べた。噂通りに美味しかったが、帰国直前。心なしか気忙しかった。次回はオリヴィエ・ブランのお店、Mersea（メルシー）で海の幸を友人とお喋りしながら食べてみたい。何度も通うアドレスが一つ増えた。

　ボーパッサージュを出て、来た道を戻る。十字路に来て今度はバック通

ボワシエの可愛らしいボンボン　　ジャック・ジュナン　　　フィリップ・コンティチーニ

りを左へ曲がった先の左側に、小さな間口の Boissier（ボワシエ）がある。1827年創業のマロングラッセ発祥のお店。16区にあるお店が7区にも支店を開いたという。どちらも高級住宅街。マロングラッセ1個が4.70€（約650円　2019年）……。高い。買い物をほんの少しだけすれば、可愛い砂糖菓子のボンボンをおまけで沢山くれた。案外に気さくなのかもしれない。

バック通りを更に進むと、Rue de Varenne（ヴァレンヌ通り）が交差する。角には Jacques Genin（ジャック・ジュナン）。そして PHILIPPE CONTICINI（フィリップ・コンティチーニ）。バック通りに戻って、女性パティシエの Des Gâteaux et du Pain（デ・ガトー・エ・デュ・パン）と、マドレーヌが評判の La Patisserie des Rêves（ラ・パティスリー・デ・レーヴ）。更に先を行けば、モンブランで有名な Angelina（アンジェリーナ）。今朝からずーっと歩いて来たバック通り。噂通りのスイーツ通りだった。スゴイお店がゾロゾロ。

今回の旅。バック通りをわざわざ5月の25日に設定したのには、ワケがある。甘いお祭り Le Bac Sucré（ル・バック・シュクレ）が22〜26日まで開催と知ったからだ。ネットで発見して、「お祭りでしょ。行ってみれば分かるんじゃない」と軽く済ませてしまった。実際の現場ではソレらしき催しと全く出会わず。何故？　と帰国後に Programme 2019-Bac Sucré（2019年プログラム）を読んでみれば。25日はこんな風。

＊ Au Café Pierre Hermé de 15h00 à 17h00 : Le Macaron Ispahan Ispahan sera proposé à la dégustation en boutique

＊ Chez La Boulangerie Thierry Marx de 15h00 à 17h00 : Dégustation de la Brioche feuilletée Tigrée

＊ Chez Daily Pic de 15h00 à 17h00 : Dégustation de confitu

プログラムの中から取り出した、3つのお店はどれもボーパッサージュの面々。全部のお店に今回訪問済み。美

味しい dégustation（試食）が色々手に入ったのに時間がズレていただけなんて！　残念。また何時かトライしてみよう。

11:30 ────

ボーパッサージュを出てバック通りを行き、Rue de Varenne（ヴァレンヌ通り）をチョロチョロした後、再びバック通りに。そのままセーヌ川に背を向ける形で歩き続けて。Rue de Sèvres（セーヴル通り）に突き当たる手前の、ボン・マルシェの裏手に懐かしい The CONRAN Shop（コンランショップ　7区）を見つけた。イギリスは Terence Conran（テレンス・コンラン）氏のインテリアのお店。パリで最初に出会ってから数十年。懐かしくて思わず足を踏み入れる。照明や家具の他に遊び心満載の子供用家具や遊具、キッチン用品、書籍まで。無駄がなくスッキリとしているのに、スタイリッシュなデザイン。その独特な世界。やっぱり好きだなと思った。

コンランショップを出て再びバスに乗り、次に向かうのは Rue Cler（クレール通り）。同じ7区だが、地図ではエッフェル塔方向にある。アパルトマンからテクテク歩いて何度も通ったこの通りは買い物天国。特に食に関するお店が通りの両側に目移りするぐらいに並んでいる。最近ちょっとした変化が起きているらしいと知り、出掛

けることにした。途中でバスを乗り変え、降りたのは École Militaire（エコール・ミリテール）。メトロ8号線の駅の真ん前。簡単に行けると思ったのは間違いだった。これだから方向音痴は困る。カフェのムッシュに教えて貰って、やっと見慣れたクレール通りの入口に立つ。チーズ屋の Griffon（グリフォン）、チョコレートの Jean-Paul Hévin（ジャン・ポール・エヴァン）。ここまで来たら、もう大丈夫。

通りの入口には郵便局。その隣に紅茶の MARIAGE FRÈRES（マリアージュ・フレール）。創業 1854 年。今やパリ市内の至る所に支店があり、日本でも人気の紅茶屋さん。本店は4区のマレ。ティールームでケーキと共にお茶をした後、人気の紅茶 MARCO POLO（マルコポーロ）をお土産に買った思い出も懐かしい。紅茶というモノに初めて興味を持ったのは、イギリスのトワイニング社の青缶の茶葉 Queen Mary（クイーンメアリー）を味わった時。やがてパリを何度か往復するうちに、老舗の紅茶店が色々あると知った。パリの紅茶道は奥が深い。

＊フランス紅茶の原点
DAMMANN FRÈRES（ダマン・フレール）
1692 年。ルイ 14 世から初の紅茶輸入商の許可を得たブランド。中でも茶缶の番号 No. 0 の Earl Grey Yin Zhen（アー

ダマン・フレール

クスミ・ティー

スーパーの
品揃えが
スゴイ！

クリッパー

パレデテ

紅茶に
マフィン味

リプトン

ルグレイ・インゼン）の香りは感動的。パリ最古の Place Vosges（ヴォージュ広場　4区）が本店。

＊癒しのハーブティー

KUSMI TEA（クスミ・ティー）

1867 年、Kousmichoff（クジミチョフ）氏がロシアで創業。革命によりフランスに亡命。市内にブティックが幾つかあるが、スーパーにも置いてある。日本未上陸のセカンドライン、LOV organic（ラブ・オーガニック）シリーズの茶葉は有機栽培。

＊イギリスのフェアトレード紅茶

CLIPPER（クリッパー）

1984 年。イギリスの田舎町から出発したフェアトレードでオーガニックな原料のみを使用したブランド。スーパー等で手に入る。

＊魅惑のフレーバーティー

Palais des Thés（パレデテ）

1986 年。紅茶に拘りのある、紅茶好きが集まって創業。中でも Délice（デリス）の柑橘類＋カカオを配合した赤い缶はマルコ・ポーロに近く、より軽やか。パリ市内に数店舗あり。

＊手軽で美味しい紅茶

Lipton（リプトン）

1888 年。Thomas Johnstone Lipton（トーマス・ジョンストン・リプトン）が作ったイギリスブランド。日本国内製造との違いは、茶葉の大きさ。スーパーには色々なフレーバーティーが並び、お土産に最適。

　この他にコーヒーを主に扱う Comptoirs Richard（コントワール・リシャール）や 1919 年創業の BETJEMAN & BARTON（ベッジュマン＆バートン　11区）等が様々な

紅茶のブレンドを作り出し、お店毎に個性的な名前を付けて売っている。緑茶ベースのフレーバーティーが増えているが、日本人や東洋人が飲む緑茶の旨さを表現し切れていないように感じる。

12:00 ──────────

マリアージュ・フレールを横目に、まずはクレール通りと交差する Rue du Champ de Mars（シャン・ド・マルス通り）までを歩く。通りの右側にはサーモンの専門店や雑貨屋。左側に François Pralus（フランソワ・プラリュ）。窓辺にズラリと大きな顔を並べているのは巨大なメロンパン？　いやいや、コレが噂の赤い Brioche aux pralines rouges（ブリオッシュ・オ・プラリヌ・ルージュ）。パリから高速鉄道（TGV）で約２時間。フランス第２の都市、美食の街 Lyon（リヨン）で生まれたお菓子だ。赤いのはキャラメリゼしてからクラッシュしたヘーゼルナッツ。飛びっきりに美味しいとの評判あれど、本来はショコラティエなワケで。100g ８€って安くない？　とアソート・チョコを買った。産地の異なる板チョコの大きな山、PYRAMIDE DES TROPIQUES（ピラミッド デ トロピック）も目を引く。500g で 19.50€（約 2,700 円）。こちらも、充分にお得感あるだろう。

朝が早かったせいか、とうとうお腹が空いてきた。休憩もしたい。そこに現れたのは、通りの左側の NEW ASEA（ニュー・アジア）と反対側の ONIWA（オニワ）。どちらもアジア飯。両店のメニューを眺め、ニュー・アジアに決定。どう見ても中華なのに、メニューには SUSHI。日本食もどきに挑戦してみようか。問題は、美味しいかどうか。12 時過ぎでガラガラの店内。席を取って、サーモンの握りとカリフォルニア・ロールらしき巻き寿司。総菜は牛肉と玉葱のオイスター炒めと海老チリ。やや野菜不足気味だが、気にせずに好きな料理を頼んでみた。お茶はジャスミンティー。お土産に、鶏の唐揚げも追加でパックに入れて貰う。全部で 20.06€（2019 年）はフレンチよりもぐっと安上がり。

運ばれて来た SUSHI はご飯が柔らかい以外、合格。味付けも自分好みだった。一番嬉しかったのは、お茶。お湯を注げばガラスのカップの中で、ジャスミンの大きな白い花びらがふわりと香ってゆく。ブレンドしてある大きな種が分からない。聞けば良かったと思っても後の祭り。混んで来た。清潔感ある店内、惣菜の種類の多さ。醤油に甘い（Sucré　シュクレ）と塩辛い（Salé　サレ）があるのが面白い。シュクレは日本だったら、穴子や鰻に使うタレだろうか。サレは普通のお醤油だ。リピあり。

SUSHI B

串揚げ　修

エンヤ

シャンピニオンに
ウニの茶わんむし

日・仏のお酒が
ズラリと並ぶ
地下の酒蔵

　ご飯の旨さと固さに日本で食べると同様に拘るなら。日本人が料理する純和食のレストランがパリには幾つかある。その中でも SUSHI B（鮨B　2区）は銀座に本店を置く、ミシュランの星付き。完璧なお鮨が味わえる。その代わり、お高い。ランチのコースで90€（2017 年）。自家製の生姜を使ったジンジャーエールが、飲めない自分にはしごく嬉しかった。若干安めの和食だったら ENYAA（エンヤ　1区）。シェフは唐津の出身。かの有名な唐津くんちの掛け声「えんやぁ！」が店名だと言う。48€（2018 年）の松花堂に、29€ のランチ。日本酒のラインナップがスゴイ。名物は京都で修行

した鯖寿司。場所はパレ・ロワイヤルの裏手。ひっそりと落ち着いた小路に古い館を改造したお店がある。もう一軒。串揚げの修（しゅう　6区）は夜のみの営業で、コースは 42€（2018年）と 52€ の２つに限定されている。ビールは Asahi。和菓子風のデザートで終わった後の胃袋の軽さは秀逸。ランチが無いのが残念。ワイン蔵を改造したのか、うっかりすれば頭をぶつけそうな店内。地元のお客で満席のところ、キャンセルが出たので夕食にありつけた。

13:00

　お昼を食べて、元気を取り戻し。再びクレール通りを行く。ニュー・ア

ジアのお隣は Amorino（アモリーノ　7区）。パリの普通にあるアイスクリーム屋さん。アパルトマンの目と鼻の先にもある。サーティワンよりも気持ちリッチな味か。マカロンを乗せた花びら型がトレンドだ。和食オニワの隣の、ちょっぴり戻った場所に Ladurée（ラデュレー）を発見！　前回は絶対になかった。うっかり見逃すぐらいに小さな間口。柔らかいモスグリーンが可愛い。本店が生まれ変わって知った、オーナーの交替。方針も変わり、経営が上向きになればパリ中に支店が増えて行く。このサイクル。結構多いと気付かされる。

　更に進んで、シャン・ド・マルス通りに到達。色々な変化に少し混乱しているが、角のスーパー LEADER PRICE（リーダー・プライス）を見たら落ち着いた。モンマルトルにもあったが、大型スーパーの中でも庶民的なイメージ。その向かいは、手頃な値段と美味しさが評判の Café du Marché（カフェ・ド・マルシェ）。カフェと言っても、日本と少し違う。お茶をするだけでなく、普通にレストランと同様の食事が出来る。飲みたければワインもあり。所謂、パリのB級グルメ。

　朝食は Petit Déjeuner（プチ・デジュネ）。あれこれと注文するのが面倒だったら Formule（フォルミュル

定番メニュー）を選べばラク。このお店の FORMULE DU MARCHÉ は温かい飲み物＋フルーツジュース＋クロワッサン（クロワッサンの代わりにジャムとバゲットのハーフサイズと替えることも出来る）。夜は更にメニューが多彩に。気楽に食事を済ませたい時、パリにはカフェがある。

　スーパーのリーダー・プライスの少し先に。通り過ぎてしまいそうなぐらいの小さなお店。La Librairie Idéale（リブレリー・イデアル）。このお店もクレール通りの新人さんだろう。看板が何と言うか、わざわざのレトロ感。翻訳すれば理想的な本屋。すごいネーミングだ。本に格別の拘りがある二人が始めたらしい。

　更に先を行けば、左側に TRIBECA（トライベッカ）。元はここに何があったんだろうと思いながらメニューを観察。イタリアンのようなアメリカンのような。既に日本にもあると知ったのは帰国後。早くて、旨い。そして気さくで賑やか。テラス席は新しモノ好きのパリっ子達がいっぱい。道理でカフェ・ド・マルシェのテラスが空いていた。強敵現るか。

　トライベッカの隣には charcuterie（シャルキュトリ）の DAVOLI（ダヴォリ）。1905年創業の老舗。シャルキュトリは、ハムやソーセージ等の食肉加工品のこと。7区にアパルトマン

を決めれば、毎回買い出しに来る。生ハムが一番人気らしいが、買うならプランス・ド・パリがお薦め。大きな塊をスライスして貰う。1枚でも食べ応え充分。パテやイタリアン系の惣菜も充実している。

お向かいの JEUSSELIN（ジュスラン）は1937年創業のフレンチ惣菜。フォアグラが名物。自分的にはフランス最古の肉牛 Charolais（シャロレー）を買いたい。1kgがヒレで59€、赤身で18.95€（2016年）は100gにして250円。安過ぎ！ 柔らかくは無いが、噛みきれなくも無い。口の中にジワリと旨味が広がる。一度モントルグイユ通りのスーパーで手に入れて、その良さを知った。

そのお隣に、またまた新しいお店 Famille Mary（ファミーユ・マリー）を発見。1921年創業のはちみつ専門店。本拠地は Bretagne（ブルターニュ）。牡蠣を始めとする海産物が有名。野菜の黄金地帯と呼ばれ、バターの品質は格別。ガレットの美味しさは、まさに別格。パリの次に絶対訪れてみたいフランスの地方だ。今回は買わず仕舞いだったが、Miel de Tilleul（ティユール　菩提樹のはちみつ）があるらしい。次回にトライしようか。買ったら即、アパルトマンで紅茶に垂らして飲んでみよう。

クレール通りで今回必ず確認しておきたかった À la Mère de Famille（ア・ラ・メール・ド・ファミーユ）ははちみつ屋のお隣だった。本店と同じ、緑の庇も真新しく老舗の風格を通りに振りまいている。この勢い、経営者が変わったのではなく、Stohrer（ストレール）と合併して更に成長したらしい。同店共に、18世紀から続くパリの代表的なお菓子屋さんだ。ケーキやパン、上品な惣菜だったらストレール。チョコレートやカリソン等のフランス菓子だったらア・ラ・メール・ド・ファミーユ。モントルグイユ通りでは、お互いに向かい合うぐらいの距離にお店がある。

クレール通りの賑やかさは、交差するグルネル通りまで来れば終わりに近い。その一歩手前に La Fromagerie（ラ・フロマジュリー）。チーズ専門店。何度か通ったお店だからと通り過ぎようとして。待てよ、ちょっと雰囲気が違う。中に入って驚いた。品揃えが以前よりもグレードアップ！ エッフェル塔の形をした山羊のチーズにポワラーヌの田舎パンが背後の棚に。卵にジャムにソーセージ、お菓子まで。ここへ来れば食事に必要な品々がほぼ揃ってしまう。ダヴォリやジュスランでお惣菜も買えば、完璧な夕食の出来上がりだ。

グルネル通りの角にはスーパーの franprix（フランプリ）が健在だった。

フランソワ・プラリュ

ニュー・アジア

ダヴォリ

ー切れが
大きい！

レ・ラパン・ダリス

店頭には BIO の野菜や果物が山積み
になっている。お向かいも八百屋だが、
やや高級品を置いているのか値段は高
め。特に理由は無いが、フランプリが
好き。BIO を取り扱っていることも
あり、アパルトマンの近くでは何かと
お世話になっている。街角で見掛けれ
ば、お土産探しに必ずチェックを入れ
るスーパーだ。
　グルネル通りから突き当たりの Rue
Saint-Dominique（サン・ドミニク通
り）までの間は、いきなり閑散とした

雰囲気に変わる。ほとんど何も無い、
ひっそりとした住宅街。たった一軒、
子供用品の PETIT BATEAU（プチ・
バトー）があるだけ。そう思っていた
ら、もう一軒。面白そうなお店が新
しく出来ていた。Les Lapins d'Alice
（レ・ラパン・ダリス　アリスの兎）
は子供向けを中心とした、雑貨や本の
お店。
　パリを歩いていると、最近こういう
類のお店を目にすることが多くなった。
恐らく、子供を対象にした商売が順調

なのだろう。その要因は、フランスが少子化をうまくコントロールしていることにあると思う。今や増加に転じた子供の数は、政府の手厚い保護政策にあるとニュースで知った。女性が働くことを当たり前と捉え、育児への支援があれば。当然ながら、子供を産むことの悩みや不安も少なくなる。結果、経済への影響も効果的に波及し、子供の数も増える。個人主義の国と言われるが、国全体の将来を考えて必須と捉えた考え方。合理的だなと思う。

クレール通りの終点近く、交差するサン・ドミニク通りに到達。お向かいは右手に教会、左側にふわふわパンオレのお店。いや、間違い。メレンゲのお菓子の Aux Merveilleux de Fred（オ・メルヴェイユ・ド・フレッド）。

今や爆発的に人気上昇中？　お初に出会った15区、モベール・ミュチュアリテのモンジュ通り5区。そして7区。パリ市内にどんどん増殖中だ。いつもなら、ここで引き返すところだが。クレール通りに負けずに、美味しいお店が並んでいると噂のサン・ドミニク通り。今回はリサーチを兼ねて、更に先を歩いてみることにした。

数年前。この通りに面したアパルトマンを選んだことがある。当時、頻繁にメディアに取り上げられていたレストラン Café Constant（カフェ・コンスタン　7区）があるからだった。超高級ホテルのシェフだったコンスタン氏が始めたカフェ。その後、この辺りに4軒も彼が手掛けたレストランが誕生して、コンスタン村と呼ばれるほどになった。カフェなだけに7:00から11:00の間にはプチ・デジュネ（朝食）を提供。無休。昼の12:00から夜の23:00まではノンストップで営業。予約は取らないので、並んで順番を待つ。6区の Le Comptoir du Relais（ル・コントワール・デュ・ルレ）と同じ。3つ星レストランのシェフ、Yves Camdeborde（イヴ・カンドゥボルド）氏が気楽に美味しい料理をと始めたネオビストロと呼ばれるジャンルだ。

20時過ぎに出掛けた夜。1階の席は満席で2階に案内された。メニューに英語表記あり。前菜に一つ、蟹のタルタル風を二人で分ける。たっぷりの蟹身にクルトンのサクサク感が楽しい一皿。ところがメインの子牛のカツレツにやや落胆する。薄く切った牛肉の間にハムとチーズ。確かに衣はカツ風。しいて言えば、ミラノ風？　デザートのプロフィットロールには溢れんばかりのチョコレート。シンプルなだけのプラムの赤ワイン煮。流石に食べ切れなかった。だが、前菜1皿、メイン1皿、デザート2皿で50€弱（2017年）はお得だろう。別の料理に挑戦してみたい気持ちはあるが、積極的に行くか？　と聞かれたら。挑戦してみたい

レストランが新たに出現する度に、後回しにしてしまうような気がする。

カフェ・コンスタンの更に先にはコーヒー専門店の Comptoirs Richard（コントワール・リシャール　7区）がある。シェルシュ・ミディ通り店（6区）の2倍以上ある広い店内。コーヒーに紅茶、様々な茶器やティーカップにチョコレート等のお菓子まで。お店の周囲にはパン屋やワイン屋、お惣菜も売る肉屋等。今一度、ゆっくり歩いてみたい通りだ。

14:00 ————————————

今回は同じサン・ドミニク通りでも、逆方向の Invalides（アンヴァリッド）に向かって歩いて行く。ほぼ未開拓。足が痛くならなければ、歩けるだけ歩くつもりだ。ちょいと気になるお店が幾つかある。

交差点の右にある教会の先にはスタバ。通りを挟んで向かい合うのは Sadaharu AOKI だ。すっかりパリに定着したショコラティエのお店。個性的なほうじ茶やきな粉のチョコレートの他にケーキも各種。8個入りのマカロンが 13.60€（2017年）は他のブランドよりもお得感がある。

この辺りを過ぎた先は、自分にとって全くの未知の世界。歩きながら感じるのはファッション関係のブティックが多いことだ。真っ先に目に留まったのは、日本にもオンラインストアがある COMPTOIR DES COTONNIERS（コントワール・デ・コトニエ）。ユニクロに近く、コンセプトは気取らずに長く使えること。パリは全体的に衣料品が高めだ。6月と1月から始まる大バーゲン時を狙って来れば、日本で買うよりも安く手に入るかも知れない。通販で買うよりもアイテムが多いと言う。

サン・ドミニク通りを歩き始めて約15分。パリで一番美味しいと言われるカヌレのお店 LEMOINE（ルモワーヌ）が見えてきた。ショーウィンドウにはカヌレの他にマカロンがズラリと並んでいる。16個で 22€（2019年）。買おうかなとお店を覗けば、お客も店員も誰もいない。確か日本人スタッフもいる筈だが。本店はワインの産地ボルドー。主人のマダムはパリと行ったり来たりだと言う。情報では無休の筈。入口の看板にも 9:00-20:00 とある。一体、どうなっているのか訳が分からない。またの機会があれば、にするしかないだろう。

更に先を行き、Boulevard de La Tour-Maubourg（モブール大通り）と交差する地点に来ればエッフェル塔が大きく見える。そして有り難いことに 69番のバス停が、お店の前に。ブルターニュ地方出身の元ラデュレのパティシエが新たに立ち上げた Karamel Paris（キャラメル・パリ）。

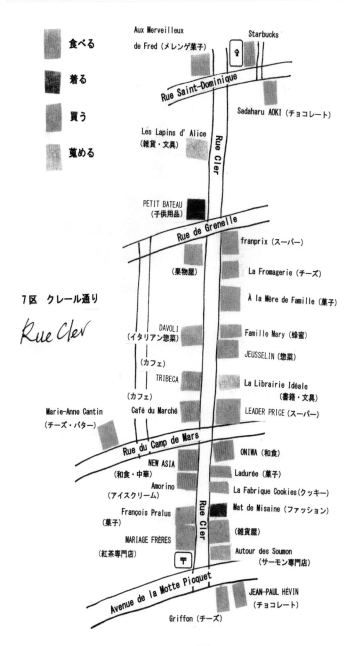

食べる

着る

買う

蒐める

Aux Merveilleux de Fred (メレンゲ菓子)

Starbucks

Rue Saint-Dominique

Sadaharu AOKI (チョコレート)

Les Lapins d' Alice (雑貨・文具)

Rue Cler

PETIT BATEAU (子供用品)

Rue de Grenelle

franprix (スーパー)

(果物屋)

La Fromagerie (チーズ)

À la Mère de Famille (菓子)

7区　クレール通り

Rue Cler

DAVOLI (イタリアン惣菜)

Famille Mary (蜂蜜)

(カフェ)

JEUSSELIN (惣菜)

TRIBECA

La Librairie Idéale (書籍・文具)

(カフェ)

Marie-Anne Cantin (チーズ・バター)

Café du Marché

LEADER PRICE (スーパー)

Rue du Camp de Mars

ONIWA (和食)

NEW ASIA (和食・中華)

Ladurée (菓子)

Amorino (アイスクリーム)

La Fabrique Cookies (クッキー)

Mat de Misaine (ファッション)

François Pralus (菓子)

Rue Cler

(雑貨屋)

MARIAGE FRÈRES (紅茶専門店)

〒

Autour des Soumon (サーモン専門店)

Avenue de la Motte Picquet

JEAN-PAUL HÉVIN (チョコレート)

Griffon (チーズ)

ルモワーヌ

キャラメル・パリ

今、日本でもパリでも人気絶頂のようだ。雑誌の FIGARO やミシュランの向こうを張る美食ガイドブック Gault et Millau（ゴ・エ・ミヨ）にも 2019 年版に掲載された。果物とキャラメルとのマリアージュ。特にいちじくとの組み合わせは最高だろうと思いつつ、今は 5 月。残念。ケーキにチョコレートにパン。キャラメル好きにとっては、どれを取っても美味しそうに見える。色々な味のキャラメルを少しだけ買って、キャラメルのソフトクリームを食べながら休憩して店を出た。

15:30 ————————

今日は珍しく早い時間にアパルトマンへ戻って来た。バス停をウロウロと探すことも無く、直行だったお蔭。ベッドにひっくり返って一休みして、今日の戦果を広げて整理した後で。一昨日買ったメゾン・ミュロのチーズケーキを冷蔵庫から取り出して食べる。しごく、あっさり。材料が同じだから、チーズ屋で売っているのと全く同じになってしまうのか……他のケーキ屋

だったら、どうなんだろう。スイーツの美味しい街パリ。もっと他のお店の色々なケーキを試すべきだろう。元来は甘党じゃないが、頑張ろう！

17:00 ————————

休憩後は近場の Rue du Pont Louis-Philippe（ルイ・フィリップ橋通り 4 区）の散歩へ。お目当てはある。前から注目していた、文具屋の MÉLODIES GRAPHIQUES（メロディーグラフィック 4 区）。ルイ・フィリップ橋通り自体が文具通りと呼ばれているけれど、どんなもん？ と。

アパルトマンを出て目の前の Rue Vieille du Temple（ヴィエイユ・デュ・タンプル通り）をセーヌ川に向かって真っすぐ進む。大通りの Rue de Rivoli（リヴォリ通り）を横断して、更に先へ。あら、またまたと驚いたのは。例のメレンゲのお菓子の Aux Merveilleux de Fred（オ・メルヴェイユ・ド・フレッド）があったから。しかもスゴイ行列。今回の旅で出会うのは 3 軒目。これはメレンゲのお

菓子を一度試すべきだと思いつつ先へ。バッグの Pierre Boisset（ピエール・ボワセ）はシックな色使いとカジュアルなデザインがいい感じだ。値段も手ごろ。多分、日本未上陸。その並びにファッションのブティックが数軒。いずれも見慣れないブランドばかりだ。

　リヴォリ通りからセーヌ川に向かって更に進んで、約5分。メロディーグラフィックに到着。クラシックで落ち着いた店内。こぢんまりしたスペースに、積み上げられた便箋や文具に雑貨達。快く、見ていて飽きない。美しい飾り文字を描くカリグラフィー用の道具も充実。目を惹いたのは Antoinette Poisson（アントワネット・ポワソン）製の紙類。サイズが小さめで値段が手頃だ。思わぬ所での再会。先日は、マカロンで有名なラデュレー本店のウィンドウで見掛けた。

　そもそもアントワネット・ポワソンはルイ15世の愛妾だった女性の名前。ポンパドゥール夫人と呼んだ方が分かり易い。公然とした立場を持ち、本妻にも引けを取らない。芸術家のパトロンだったりもする。彼女の有名な言葉「私の時代が来た」は、ルイ15世以上の権力を持っていたからだそうな。彼女自身も芸術に特別な才能があったと言う。生み出された壁紙は18世紀を代表するロココ調様。その美しく華やかで上品なデザインを現代に蘇らせた

のが、壁紙や工芸作品などの修復家の3人組。会社の名前も Antoinette Poisson（アントワネット・ポワソン 11区）。2年前に、趣味がカルトナージュの友人のお供でアトリエまで訪ねて行った。元来、自分もインテリアが大好き。

　メトロ Bastille（バスティーユ）から Rue Saint-Sabin（サン・サバン通り）の小路を徒歩数分。通りに面しているのはガレージのような味気ない入口。中を覗けば、その先は明るい中庭だった。大きな木の下に佇むアトリエには18世紀と同じ工具を使って生み出された壁紙が並んでいる。それを使って製作された小箱やインテリアグッズもディスプレイされていた。奥の工房ではスタッフが黙々と制作中。ラデュレーやグッチとコラボしたり、デパートのボン・マルシェにコーナーを持ったり。その人気ぶりは、ますます進展するばかりだ。アトリエ自体も改造し、予約無しでも見学が可能になったらしい（11:00 ～ 19:00　日・月休）。1枚 4,000円超の紙の中からお気に入りを2枚選んだ友人。スタッフの方が「出来上がった作品を、是非見せて下さい」と気軽に声を掛けてくれた。そんな忘れられない思い出がある。

　アントワネット・ポワソンのアトリエがあるバスティーユ周辺。他にも訪れるべきエリアが点在している。散

アントワネット・ポワソン

策が楽しい Rue Charonne（シャロン
ヌ通り　11区）には Lacoste（ラコス
テ）や SUNCOO（サンクー）、Deca
（デッカ）、ハンドメイド・ブーツの
La Botte Gardiane（ラ・ボット・ガ
ルディアンヌ）等のファッション・
ブティックが。カジュアルな Sessùn
（セッスン）も軽めの上品さとお洒落
なセンスが好感度大だ。6区のシェル
シュ・ミディ通りにあったバッグの
GROOM（グルーム）も、通りから
入った中庭の奥にシックなお店を構え
ている。

　シャロンヌ通りと交差する Avenue
Ledru-Rollin（ルドリュ・ロラン大通
り）の手前には、人気の Pause Café
（ポーズ・カフェ）。この辺りまで来れ
ばファッションのお店が少なくなり、
代わりに美味しいお店がポツポツと出
現する。食べることが好きだから、自
分的にはファッションよりもレストラ
ン。その美味しさに誘われて、何度か

ここまで来た。

　残念な気持ちが今でも湧くのは
Septime（セプティム）だ。予約無し
でもイケルかと、開店前の 12:00 に出
掛けてみた。スタッフが準備をしてい
る中に入り、聞いてみれば満席。そっ
か、トリップアドバイザーの評価は嘘
じゃなかった。予約必須のお店って、
あるんだなと初めての惨敗。

　いつか絶対にリベンジしてみせる
と、メモを見ながら二番手のレストラ
ン Les Déserteurs（レ・デゼルトゥー
ル）に向かった。このお店の評価も
4.5 の高さ。シャロンヌ通りを少し
戻って、左折。Rue Trousseurs（ト
ルソー通り）に入ってすぐ。清潔感の
ある白い壁、窓ガラスにメニューをぶ
ら下げたシンプルさが印象的な扉を開
けて中に入れば。スタッフが予約表
を眺めて「一組だけだったら、入れ
るよ」と OK してくれた。嬉しい偶
然。開店は 12:30。余った時間を周囲
のぶらぶらに充てる。スーパーのフラ
ンプリが角に一軒。トルソー通りを左
折して、FARINE & O（ファリーヌ・
オー）。MOF（フランス国家最優秀職
人）のパン屋さん。思わず夕食用のパ
ンを買い込んだ。

　時間通りに戻ってみれば、確かに空
席は二人分のみ。窓から中庭が見えて
いる小さな店内は、お客さんでみっち
りだった。そそくさと座ってメニュー

ファリーヌ・オー　　　　　　レボショワール

を見る。　４皿の Découverte（デクヴェルト　お楽しみランチ）が49€（2017年）。３皿は30€。量的に多いかもと、少ない方を選ぶ。最初の前菜は根セロリをグリエしたごくシンプルな一皿。香ばしくて滋味あふれる味の深さに、あぁ良いお店にまた出会った！　と感動。メインの牛首肉の煮込みはホロホロと崩れる柔らかさ。最後のデザートまで、大満足のレ・デゼルトゥール。最近になって再検索をしてみれば、どうやら閉店したらしい。しごく残念。場所を変えたのか？　次回はもう少し調べてみよう。パリは常に生まれ変わりを繰り返している。うっかり確認を忘れれば空振りに遭うのも珍しくない、移り気な街だ。

　シャロンヌ通りから少し外れるが L'Ebauchoir（レボショワール　12区）も気さくで美味しいビストロだった。相も変わらず予約無しで出掛けた、12時少し前。店内はガラガラで、カウンターのお兄さんに聞けば OK。調子に乗って窓際の席にして貰った。ランチは前菜＋メインかメイン＋デザートの２品で14€（2018年）。３品で26€という安さ。魚のメインを＋３€で子羊に変えて貰って、スタート。たっぷりの野菜はフェンネルにジャガイモに根菜。そして、程よい噛み応えの羊。デザートに季節のモンブランを選び、一緒にお茶を頼めば。運ばれて来たケースの中にはダマン・フレールとパレデテが幾種類も並んでいる。好きなティーバックを選び、大きめのティーポットでたっぷり楽しんだ。惜しむらくは、デザートの簡素さ。しっかりと食べ切ったという点では申し分無いが、もう少し楽しいデザートを選べばよかった。リピせねばなるまいと思う。気になるのは、12:30頃にはほぼ満席になってしまったこと。予約無しの手が再び使えるだろうか。

17:30—————————

　のんびりと歩いても30分もあれば充分の、ルイ・フィリップ橋通り。メロディーグラフィックの他に、個性的な紙製品を扱うお店が２軒ばかり。

シェルシュ・ミディ通りの Puyricard（ピュイリカール）も見掛けた。通りの突き当たりの右には、レストランのChez Julien（シェ・ジュリアン）。外からでもシックでレトロな内装が見て取れる。プチ・デジュネ（朝食）が16€（2019年）は高めだが、ネットで見る限りではバターがエシレ。フレッシュなジュースにバゲットやクロワッサン。優雅にゆっくりと朝食を食べたい時にいいかも。伝統的なフレンチを出すらしい。食べ切れない程大きなステーキに山盛りのポテトフライ。お一人様ではキツイだろう。レストランの名前で時々目にする Chez（シェ）。「〜の家」という意味だが、「俺んち」みたいに気楽な感じで使うらしい。上品な佇まいからは想像出来ないが、昔は地元の人達が通う親しみある気軽なお店だったのだろう。

目の前のセーヌ川は渡らず、引き返す。途中にある Rue François Miron（フランソワ・ミロン通り）の Izraël（イズラエル）に寄ってみた。長い間、気になりつつも行く機会が無かったスパイス屋さん。何十年も前から、雑誌やガイドブックに登場する有名なお店だ。料理に少しは凝るのなら、わざわざでも行くべきだろうか。そう思いつつ、後回しに。他のお店に気を取られたり、ついでが無かったり。

ネットで見た通りの小さなお店の中は、世界中から集めたスパイスや食材が山のように積み上げられていた。まるで、スパイスの小宇宙。ジャスミンの乾燥した花が大きな袋に。多種多様なナッツ類は籠別に分けられ、フランス語の Riz はお米だ。棚にはびっしりとジャムやスパイスの瓶が並んでいる。買わずに眺めていたら、怒られてしまった。

お店を出て、サンポール駅に向かって歩く。突き当たりの角に美味しそうなパン屋が！Au Petit Versailles du Marais（オ・プチ・ヴェルサイユ・ド・マレ）の看板には MOF とある。

メロディーグラフィク

美しい道具達

イズラエル

世界中から運ばれた塩

並んでいるパンやケーキを見る限り、やや古典的なスタイル。夕食用のパンを買うのか、結構な行列だった。やれやれ、マレ地区はどこを歩いても気が抜けないと思いつつ帰途に着いた。

＊＊＊＊＊＊街で出会う音楽家＊＊＊＊＊＊＊

メトロのドアが閉まる直前に飛びこんで来る。そしてギターを片手にいきなり歌い出す。演奏を終えれば、手にした小さな容れ物に小銭を求めて車内を歩き回る。多くの旅人が最初に出会う街の音楽家はメトロの中だろう。この頃は街角でバンドを組んで演奏する人々を見掛けることが多くなった。ちょっと足を止めて聴いてみる。気に入った音楽に出会えば、なんだか得した気分になるから不思議だ。

アンプ持参の実力者

マレの街角で
改造自転車？　それとも楽器？

メトロの通路でロシア民謡に出会う

駅構内の自由に弾けるピアノ
"À vous de jouer"（訳）次は君の番だよ！

路上ライブに
年は関係無し！

〈この催しは期間限定だった模様〉

7日目
自分の足で歩いて出逢う
パリの絶景

＊常設市場　Rue Mouffetard（ムフタール通り）
＊『Hôtel de Ville』（オテル・ド・ヴィル　市庁舎）から見るパリの絶景
＊昼食　『Les Enfants Rouges』（レ・ザンファン・ルージュ）
＊散策　Rue Francs Bourgeois（フラン・ブルジョワ通り）

5:30 ─────────────

昨日はさんざん歩いて疲れ切り、10時過ぎには早々と寝てしまった。そのせいで、起床が5時台。日本じゃ、あり得ない。窓を開ければ飛行機雲。上天気の一日になりそう。バナナとヨーグルト、ティエリー・マルクスのパンにマドレーヌ。簡単だけど、好きなだけ好きなように食べる朝食。パリを一日中歩くのも今日が最後。思ったより早かった。

午前中は Rue Mouffetard（ムフタール通り）へ。ナポレオン3世時代。オスマン男爵のパリ大改造の時にも手を付けられずに、昔のままに残っている市場通り。何度か訪れているもの、何故かガイドブックにあるような活気溢れる場面に出会ったことがない。他の市場通りでは閑散とする土・日も賑わうと聞いて、その雑踏に踏み込んでみ

たくなった。

8:20 ─────────────

アパルトマンを出て、メトロ7号線の Pont Marie（ポン・マリー）まで歩く。日曜日の早朝のセーヌ川沿いを歩く人はほとんどいない。途中で MAIRIE DE PARIS（メリー・ド・パリ）の大きなパネルを見つける。大人の背丈位はある。こんな親切な街案内を、今までのパリで見たことがあっただろうか？　と立ち止まる。パリの新しいおもてなしは5年後のオリンピックのためか。

健脚な人だったら、ムフタール通りまで歩いて30分ぐらい。サン・ルイ島を縦断して、目指す駅は Place Monge（モンジュ広場）。メトロに乗るなら、一つ先の駅 Censier-Daubenton（サンシエ・ドーバントン）で下車。たったの4駅。降りた後は Église Saint-Médard（サン・メダル教会）を目印に、背後からグルリと回って前に出る。そこが、ムフタール通りの始点（もしくは終点）。この教会の前にパリ史跡案内の碑が立っていることにも、最近になって気が付いた。12世紀からの古い教会。一時期だが信者の奇行が問題になった黒（？）歴史もあるらしい。だからと言うわけでもないが、不思議と入ってみる気がしない。で、ついつい市場通りへの目印にするだけで終わってしまう。

パリ市　案内プレート

中央の○は
シテ島まで
徒歩５分圏内

サン・メダル教会

パリの歴史
記念碑

最初に出会うのは 100 年以上の歴史ある、老舗チーズ屋の Androuet（アンドルーエ　5区）だ。教会の斜め前。時計を見れば９時には少し早かった。見慣れた赤い扉が閉まっている。前回、大好きな葡萄を収穫する人という意味の vendangeur（読み方は分からず）を買うことが出来た。それほど未練はないが、Chèvre frais（シェーヴル・フレ）と呼ばれる山羊の出来立てチーズを味わってみたかったなとは思う。ついでに、チーズ屋さんのチーズケーキもあった筈。ちょっと残念。

教会を背にムフタール通りをセーヌ川方向に歩き進んで、チーズ屋がもう一軒。La Fromagerie（ラ・フロマジュリー）。クレール通りと同じ名前のチーズ屋だが、支店なのだろうか。チーズのみならず、シャルキュトリーも置いているところが似ている。横に伸びる小さな通りを挟んだ並びに、パン屋の Le Fournil de Mouffetard（ル・

フルニ・ド・ムフタール）。お客さんが次から次へとやって来る。何時来てもお客が絶えない。その行列に混じって、バゲットをハーフサイズとプラムのパイを買ってみた。見た目、全制覇してみたくなるほどのケーキやパン。有名ブランドのようにスタイリッシュでは無いけれど、温かみを感じる。この近くにアパルトマンを決めて、毎朝買いに来る。そして、出来立てをほおばる。それ、いい。

パン屋の斜め前には beillevaire（ベイユヴェール）。残念ながら、ここも開いていなかった。このチーズ屋とは 15 区でお初に出会った。日本ではチーズよりバターの方が有名。日本の麻布にも支店があり、独自にケーキも置いていると言う。丸の内のエシレでも新鮮なバタークリームを使ったケーキ Gâteaux Frais（ガトー・フレ）がある。朝から並ばないと買えない代物だ。エシレは滅菌した牛乳から作るが、

下町の人気なパン屋さん
ル・フルニ・ド・ムフタール

チーズの老舗
アンドルーエ

ベイユヴェールは無殺菌。バターの風味も独特で賞味期限が短い。両店共に、バターは日本で買う値段の3分の1で買える。チーズの種類も多い。美味しい状態で日本へ持ち帰るため、保冷剤は必須の◎。

　ベイユヴェールのお向かいは肉屋。このお店もパン屋と同様に、朝早くから稼働中。グリル機の中で焼かれている丸々としたブロイラー、滴り落ちる鶏の脂で黄金色に光るじゃが芋。通る度に買おうか？　と思うが……問題は熱々ってことだ。手に入れたら、即アパルトマンに駆け戻ってランチにしなければ。美術館だ世界遺産だと歩き回るのは後回しで、食べる。優雅だ。何時になったら実現出来るやら。自分なりのパリ制覇は遠い。

　ムフタール通りが、Rue de l'Arbalète

（ラルバレート通り）と交差する右側に八百屋さん。しかも BIO。ここも、品出しに忙しい。日本では手に入らないシチリア島の無農薬のオレンジを見つけて、1個買ってしまう。果物は大好き。新鮮ないちごやアプリコット、りんご等々。もっと色々と買い込みたいのを我慢した。まだ、今日は始まったばかりだ。

　通りを挟んで、八百屋の斜め向かいに Jeff de Bruges（ジェフ・ドゥ・ブルージュ）。入口が開いている。お客さんも一人。大きめな通りや駅ナカでちょいちょい見掛けるチョコレート屋さんだ。アフリカのカカオ産業を援助する独自のプログラムを持つフェアトレードの会社。今度、買ってみよう。今まで MOF だの一流のパティシエだのとブランドのチョコレートを買う傾

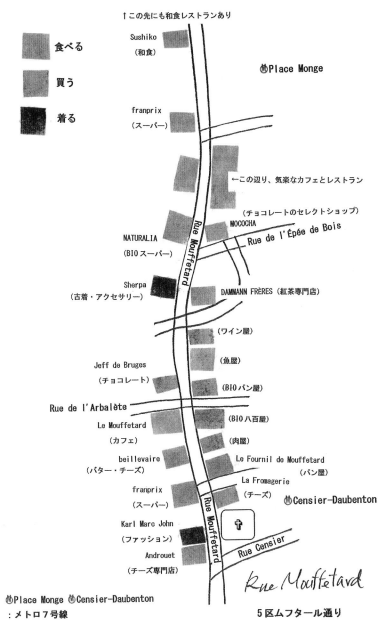

食べる

買う

着る

↑この先にも和食レストランあり

Sushiko
（和食）

Ⓜ Place Monge

franprix
（スーパー）

←この辺り、気楽なカフェとレストラン

（チョコレートのセレクトショップ）

MOCOCHA

Rue de l'Épée de Bois

NATURALIA
（BIO スーパー）

Rue Mouffetard

Sherpa
（古着・アクセサリー）

DAMMANN FRÈRES （紅茶専門店）

（ワイン屋）

（魚屋）

Jeff de Bruges
（チョコレート）

（BIO パン屋）

Rue de l'Arbalète

（BIO 八百屋）

Le Mouffetard
（カフェ）

（肉屋）

beillevaire
（バター・チーズ）

Le Fournil de Mouffetard
（パン屋）

La Fromagerie
（チーズ）

franprix
（スーパー）

Ⓜ Censier-Daubenton

Karl Marc John
（ファッション）

Rue Censier

Androuet
（チーズ専門店）

Rue Mouffetard

Ⓜ Place Monge Ⓜ Censier-Daubenton

：メトロ７号線

５区ムフタール通り

向にあった。価格が安め。実際に食べてみて、美味しかったらお土産にしよう。

　時間的に早過ぎたのか、閑散としているムフタール通り。人波で賑わう風景をまたしても撮りそこなったようだ。パン屋や生鮮食品を扱うお店は元気に営業中。それが救いだ。大きな魚屋の前には蟹やら海老やら烏賊（いか）やら。夕食に買いたい。でもナマだから、無理。そんな葛藤を繰り返す。老齢の女性が切りまわすワイン屋に出会う。写真は品物を一つでも買った後ならば、機嫌良く撮らせてくれる筈。分かっているが、悲しいかな飲めない。ワインを買って、蟹のワイン蒸しに使うとか？いいね！

　更に先へ。右側にお茶のDAMMANN FRÈRES（ダマン・フレール）。日曜は10時、平日は11時開店の遅さ。しかも平日には昼休みあり。老舗のお店は営業時間も古き時代のままだ。歩き続けて、またしても右側にチョコレート屋。名前がMOCOCHA（モコチャ）。可愛い。チョコレートのセレクトショップらしいが、ここもチョコレート色の扉が閉まっていた。バック通りのChapon（シャポン）や、香りがユニークなFabrice Gillotte（ファブリス・ジロット）氏のチョコレートも手に入るとか。開店時間は11:00で月曜定休。時間をお昼前ぐらいに設定

して、一度来てみなくては。ついでにお茶屋さんにも寄ろう。

　お向かいにスーパーのNATURALIA（ナチュラリア）。100％有機製法の食品等を扱っている。若干、価格は高めだ。チョコレート屋を過ぎた辺りから、レストランが増えてきた。ファッション関係のお店は、さすがに市場通りと言うだけあって極端に少ない。真っ直ぐ、どんどん行けば。日本、中華のお店が数店舗。そろそろバス停を探して帰ろう。

10:00 ——————————————

　早朝のムフタール通りを1時間ばかり歩いた。本来ならばPlace Monge（モンジュ広場）に出て、メトロ12番が早い。そこまで行くのも面倒とトコトコ真っ直ぐ進んだ先の左手に、75番のバス停を見つけた。停留所案内にはHôtel de Ville（オテル・ド・ヴィル　パリ市庁舎）がある。アパルトマンまで歩いて行ける距離。少しだけ待たされたが、乗車して約15分で着いた。

　降りたのはパリ市庁舎の前にあらず。はて、ここは何処？　と見回せば、セーヌ川のQuai de Gesvres（ジェーヴル岸）だった。一息付き、ふっと対岸を眺めれば。そこには思いがけない風景が。手前に見えているのはセーヌ川の上をシテ島に掛かるPont Notre Dame（ノートルダム橋）。その奥に

Conciergerie（コンシェルジュリー裁判所）。マリー・アントワネットがフランス革命後に収監されていた塔が川辺に沿って建っている。この風景の美しさ‼　今までに何度もパリに来ていながら、初めて出会うパリの華麗な姿。心の奥底からじんわりと湧き上がる嬉しさ。遥か昔に船の上から眺めた夜空のエッフェル塔も息を呑むような美しさだった。そしてセーヌ川に佇むゴシック様式のコンシェルジュリー。次に出会うのは何だろう。まだまだ知らない艶やかなパリがある。

　パリで一番ステンドグラスが美しいと言われるSainte Chapelle（サント・シャペル）の隣が、コンシェルジュリー。正面の金色の門から入っても、牢獄には辿り着けない。入口は正面に向かって右の角を曲がった所にある。中には遥か昔、王室だった時代の資料も展示されている。藁敷きの部屋に水差しと便器だけが置いてある牢獄は、お金の無い囚人用。肝心のマリー・アントワネットの収監場所には、椅子に座った彼女の黒ずくめの後ろ姿。机にベッドもある。それでも、ヴェルサイユで優雅な生活を送っていた彼女にとっては地獄の日々だったに違いない。

　５年前。母と娘三人でL'Open Bus Tour（オープン・バスツアー）に乗り、この周辺を回ったことがある。一人32€を払い、日本語のパンフレットや使い捨てのイヤホン（日本語）等を受け取って乗り込んだ。パリを回るコースは４種類。どこから乗っても降りても自由。高齢の母には打って付けだと選んだ。だが、だ。１箇所で降車して、名所見学をすれば最低でも１時間は掛かる。乗って降りてを一日に何回出来るかという話。昼食の時間も必要。果たして本当にお得なのか？　自分のペースで歩き、名所はゆっくり鑑賞。疲れたら無理せずにタクシーを使う。その方が楽で安くて、しっかりと記憶に残る。それが私達の結論だった。

　今日も晴れ晴れとした空の下。何台ものオープン・バスツアーがすれ違って行く。若者だったら頑張って走るように移動するのも、アリなんだろうか。バスの高い位置から、友人とわいわいお喋りしながらパリを眺めるのも一興。そんな楽しさもあるのかなと思いながら、アパルトマンに向かった。

　バスを降りて。パリ市庁舎のすぐ後ろのリヴォリ通りを真っ直ぐ行き、アパルトマンに帰れば良いものを。ふいっと気が変わり、一本奥を走るRue de la Verrerie（ヴェルリー通り）に足が向く。デパートのBHV（ベー・アッシュ・ヴェー）MARAIS（マレ店）の裏から始まる短い通りだが、前回はデパートの左側を歩いた。今回はアパルトマンへ向かうついでだ。右側を攻めてみようと思い付いた。

ジェーヴル岸からの眺め

　ボン・マルシェと同様、華麗に変身したベー・アッシュ・ヴェー。黒を基調に改装された店内にはCOACH（コーチ）や maje（マージュ）等の有名なブティック。広々とスペースを取ったキッチン売り場には、マリアージュ・フレールやアンジェリーナのお菓子等も置いてある。特徴と言えば。パリの東急ハンズと呼ばれ、地下にDIYグッズが色々と並んでいること。DIYをやる人にとっては実に面白い売り場だ。最近DIYから遠ざかっていることもあり、地下には寄らなかった。チェックだけでもしておけば良かったと後悔。パリならではの便利グッズがあったかも知れなかったのに。

　デパートBHVの裏。その左側の

ヴェルリー通りでは、古着をキロ単位で売る KILO SHOP（キロ・ショップ）や子供用の雑貨や服等を売る Le Petit SOUK（ル・プチ・スーク）が目に付いた。スークはアラブ語で市場という意味らしい。言葉通りに、店頭にはこれでもかと色々雑多な品物が置いてある。わざと的な雑然とした配置。用が無くても、ぶらりと入ってみようかと思わせるような。このお店はパリだけでなく、フランスのあちこちにある。

　右側の通りに一足踏み入れて、日本料理店が2軒。少し意外。わざと寄り道をする気になったのは、ユニークで可愛いレバノン菓子を売る Maison Aleph（メゾン・アレフ）を見たかったからだ。機会があれば行っても良い

オープン・バスツアー　　　　　　メゾン・アレフ

日本語あり！

注：ツアー会社が数社あるので、乗車前に日本語があるかどうかは要確認

し、無理して行かなくても。いつもスケジュール表の隅に、そんなお店やレストランを幾つか書いておく。お店は苦労せずに見つかったが、随分とちっさなお店だった。店員さんも一人きり。

　また来るかも、そう考えて先を行けば。またまた日本料理屋が２軒。一軒目は Kiccho でお向かいに Kyo。名前も日本で、料理もメインは寿司。口コミによれば中国人の経営だそうな。需要がそんなにあるのだろうかと思いつつ、最後にチョコレートの Christophe-Michalak（クリストフ・ミシャラク）を探すも見当たらず。BHV の左側だったのだろうか。地番からすれば間違ってはいないのだが。チェックはまたの機会にしようと、アパルトマンへ向かった。さすがに一休みしたい。

10:45——

　アパルトマンに着き、ル・フルニ・ド・ムフタールのバゲットを齧る。お昼も近いのに、味見の誘惑に勝てない。先割れの尻尾が面白い。皮はパリッとして胡桃（くるみ）のような香り。中はふわふわっとしている。旨い！　お客さんが絶えない筈だと実感。次回はムフタール近辺に宿を取ろうか。魚屋で蟹を買って、ワイン蒸しも実際にトライしてみたい。BIO の野菜や果物、特にシチリア島のオレンジで半生のジャム作りにもワインを使ってみようか。買うのは白だ。

　１時間ほど、買い物を整理して休憩して。再びアパルトマンを出る。今日の昼食は Les Enfants Rouges（レ・ザンファン・ルージュ　３区）。シェフは日本人。訪れるのは二度目。外したくないから、日本から予約を入れておいた。

　同じお店に繰り返し行くよりは、常に新たなレストランを開拓したい。だから二度目のお店は極端に少ない。５区の Alliance（アリアンス）と、こ

こ。行列すれば必ず食べられる Le comptoir du Relais（ル・コントワール・デュ・ルレ）も。最後に、も一つ。メトロ 4 号線の Saint-Michel（サン・ミシェル）の近くにある MIRAMA（ミラマ）は安くて旨いの代表的な中華だ。遥か 20 年以上前から、リーズナブルな値段と普通に美味しいが変わっていない。お店自体は綺麗に改装されたが。

かなり以前から注目していた、レ・ザンファン・ルージュ。パリ在住の日本人や雑誌、ブログで取り上げられることも多い。やっと機会が巡って来た前回は友人と一緒で。コスパ良好だからと選んでみたが、料理そのものが好きになった。味付けは勿論のこと、たっぷりと添えてある野菜が嬉しい。前菜に選んだ野生の鳩のテリーヌに臭みは無く、メインの帆立は冬ならでは。大きくて味が濃い。ライチのムースにグレープフルーツを添えたデザートはスタイリッシュ。メニューの組み立て方が自分好みだ。

アパルトマンが 4 区で、レ・ザンファン・ルージュは 3 区。歩きで行けば、途中の Musée Picasso（ピカソ美術館）までは 10 分ぐらいだろう。昨年訪ねた時には、スペイン戦争を描いた「Guernica」（ゲルニカ）を特設展示していた。ピカソが何度もデッサンを繰り返し、描き上げた壁いっぱいの特大サイズの絵画。彼の集中と執念がひしっと伝わってくる。パリの小さな美術館の中でも珠玉の一つ。向かい側に、古い館を改造したブティックが最近新設された。ピカソの世界を様々なグッズで再現。子供用の玩具まであって楽しい。

ピカソ美術館から Rue de Bretagne（ブルターニュ通り）を目指して、更に 10 分ぐらいか。歩きで 20 分もあれば辿り着く筈が、バスを使ったばかりに 40 分以上掛かってしまった。足を庇ったが故の時間的なロス。賑やかなブルターニュ通りをのんびり歩けるようにと早めに出たのに、余裕が全く無かった。見慣れたコーヒー屋の Comptoirs Richard（コントワール・リシャール）の脇に Rue de Beauce（ボース通り）の標識が見えたら、到着！

12:30 ——————

レ・ザンファン・ルージュはスタッフが全員日本人。そこも気軽でいい。既に店内は 80％の入り。日本語のメニューあり。75€ のシェフのお任せコースも一度は食べてみたいと思いつつ、日曜日のランチコース（55€ 2019 年）を選ぶ。平日は確か 38€ だった。

アミューズは、カリフラワーのムースにカカオの粉を振り掛けてある。前回は南瓜のムース。季節毎にムース＋

レ・ザンファン・ルージュ

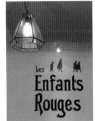

シェフの篠塚さん

マコト・アオキ

ル・キガワ

カカオって、どうなの？　と思いつつ、まぁオマケみたいなものだからと。アルコールが駄目なので最初からお茶を頼んでしまう。こんな我儘、他のお店では出来ない。運ばれたのは KUSMI TEA だった。もちっとして旨いパンを片手に、まずは前菜。柑橘系の果物でマリネした鯛に、リコッタチーズとたっぷりな野菜。鯛なのに濃い味に仕立ててある。メインはフライに近い天ぷら。うん、中はなんの魚だったか？添えてある旬のプチポワ（グリンピース）とアスパラの美味しさに気を取られてしまって、メモに書くのを忘れてしまった。底に敷いてあるライスもスープをしっかりと吸い一粒、一粒が

旨い。塩味を抑えた、滋味溢れる一皿。最後のデザートで選択を誤る。ミルフィーユとりんごにバニラアイス。充分に美味しいのだが、お隣のいちごのデザートの方が飛びっきりに美しい。そうか！　デザートだけ、もひとつ頼む。その手があったのに忘れていた。入店して１時間。13:30 で満席。

　ミシュランの星のあるなしに関係無く、パリで愛されている日本人シェフのレストラン。それがレ・ザンファン・ルージュだろう。自分のスタイルに拘りつつも、日本人のみならずパリの人々に受け入れられる料理を長年作り続けている。それは料理を愛するからなのか、パリを愛しているからなの

か。旅人としてパリが好きな自分には、なかなかに分からない世界だ。

　シャンゼリゼ通り。メトロ１号線 Franklin D. Roosevelt（フランクリン・D・ルーズヴェルト）駅を降りてすぐの。狭くて短い Rue Jean Mermoz（ジャン・メルモーズ通り）を入った所にある Makoto Aoki（マコト・アオキ　８区）も、そんなレストランの一つだ。パリ在住日本人向けの情報サイト「ジモモパリ」ではグルメランキング１位（2018 年）。立地が良くて、安いが評判。それって、本当？　と予約無しで出掛けてみた。だが、12 時を少し過ぎただけなのに満席に近かった。評判はアタリ。ドアにはミシュランのビグルマン。美味しくてコスパが良い、の評価。道理で現地のサラリーマンらしき人々で賑わっている。ランチが前菜＋メインかメイン＋デザートの２品で 25€（2018 年）、３品頼んで 38€。友人と一緒だったので、両方を一つずつ頼む。ここも、偶然２名分の席が空いていた。面白いのはビーツのスープ。赤いフルーツと合わせてさっぱりと、そしてほんのり甘い。定番の牛頬肉の赤ワイン煮込みにも、たっぷりと野菜が添えられている。デザートも凝り過ぎていないのが好ましい。日常のフレンチが、そこにある。

　一方、日本語のサイトからわざわざ予約したのは、メトロ４、６、12、13 号線の他に国鉄 SNCF も交わる Montparnasse（モンパルナス）駅から徒歩 15 分ぐらいの所にある Le KIGAWA（ル・キガワ　14 区）。パリの雑踏から離れた静かな Rue du Château（シャトー通り）。その入口に佇む白い館。Rue de Rennes（レンヌ通り）の BIO マルシェでの買い物をぶら下げてのランチは、ちょっと場違いか？　とひやひやしながら席に着いた。ランチ２品で 22€、３品で 28€（2015 年）。出された料理は全くのクラシックなフレンチ。味、然り。量も多い。お得だなと思った。たっぷりと使われているクリームやバター。モンサンミシェルから届いたムール貝を使ったアミューズのスープは、貝の旨味と野菜の滋味で仕上げた絶品だった。あれから、４年。ランチは３品の 35€ のみになったようだ。比較的安くて、本格的なフレンチ。過度にドレスコードを心配する必要も無い。夜のシェフお任せでさえ 65€ 〜。

　ほんの少しの遠出になるが、リピしたい日本人シェフのレストランがパリ郊外にもある。当初は遥か昔にタクシーで駆け付けた、Barbizon（バルビゾン）へ行くのが目的だった。相変わらず交通の便が悪く、一人旅では割に合わないな……と迷った矢先。レストラン L'Axel（ラクセル）が検索の先に引っ掛かる。しかもミシュラン１つ

フォンテーヌブロー城

フォンテーヌブロー・
アヴォン駅

ナポレオンの衣裳

レストラン　ラクセル

カラスミの前菜

星で、Palais de Fontainebleau（フォンテーヌブロー城）から徒歩圏内。シャンボールやアンボワーズでも登場したフランソワ1世が狩猟の館を改造したのが、この城。世界遺産だ。フランスでも最大と言われる規模。ナポレオン1世と3世の城となったこともあり、入口の馬蹄形の階段はナポレオンがエルバ島に流される時に親衛隊に最後の別れを告げた場所として有名だ。

出発はパリのGare de Lyon（リヨン駅）。乗車ホームはGrands Lignes（グラン・リーニュ　幹線）。日本だったら急行電車に当たる、TER（テー・ウ・エル）に乗って約40分。朝の時間帯で1時間に2本ぐらい。3年前で既にナヴィゴが使えた。念のため、駅

員さんに聞けば。「No Problem！」の答え。手軽に日帰りの旅が出来る点で、お勧めのポイントは高い。降車駅はFontainebleau Avon（フォンテーヌブロー・アヴォン）。

Château（シャトー　城）へは駅前からバスで向かう。ここもナヴィゴ使用可。昼の時間帯を除き、1時間に4本ぐらいあったかと思う（冬季は少なくなる可能性あり）。乗車して約15分。ゾロゾロと大勢の観光客が降りて行く。その後を付いて行けば間違いないと、のんびり歩いて見失う。うっかり入ってしまった正門から少し手前のJardin de Diane（ディアナの庭園）。美しく紅葉した庭を眺めつつ、城に辿り着くことが出来た。

城内で観るべきは、何と言ってもナポレオン自身が身に纏った衣装。両端がピンと跳ね上がった帽子。靴は予想以上に小さい。宝石をちりばめた剣。遠征が多かった彼の携帯用の茶器やカトラリーを詰め込んだ鞄も面白い。持ち手に美しい装飾が施されているピストルもきっちりと鞄に嵌め込まれていた。また、歴代の王が使っていた部屋は、それぞれのイニシャルが描かれた扉や天井画が豪華絢爛。見所が多い。

　城を出て、バスの停留所に戻ってRue de France（フランス通り）に向かう。やがて、人々がテラスに座ってお茶とお喋りをするカフェや小さなお客さんを乗せて動くメリーゴーランドが見えてくる。大勢の客でごった返すパン屋。ワイン屋や惣菜も売る肉屋にクレープ屋もある。フランス通り周辺は、地元民が生き生きと行き交う小さな盛り場だ。駅前には何も無いのに、少し離れた場所にこんなスポットがある。個人旅でなければ出逢う事もないだろう。

　この賑やかな通りのほぼ中央。4、5分も行けば、レストランのラクセルがある。ル・キガワと同様、白を基調とした落ち着きのある店内。テーブルの間隔がゆったりしているのは郊外ならでは。ここへも日本から予約を入れておいた。後藤シェフからは「前日の電話で大丈夫です」との返信が来た。

こちらは創作フレンチで、ランチ3品33€（2016年）。グレードアップして55€。セットメニューの中に好きな料理が無かったのでアラカルトに。メインには上州和牛、デザートにフルーツの盛り合わせを選んだ。聞きそびれてしまったが、上州牛を日本から取り寄せているのか？　それともフランスでも育てているのか？　分からない。

　最初に魚のすり身にカラスミを刻んでまぶし油で揚げたアミューズが来る。のっけから創作料理。カリッ、ふわっの不思議な食感。旨い。やがて、バスケットに山盛りのパンが運ばれて来た。軽く温めてあるところが日本人シェフのお店らしい。さぁ、次はメインだと思っていたら、アミューズその2？が来た。サーモンとフロマージュ。とても相性がいい。そして、メイン。噛みしめてジワッと美味しさが口に広がる。添えられているのは季節のジロル茸と揚げたポテトに挟んだ、何か。食べてみれば、フォアグラなのか？　の食感。最後のデザートは豪快で美しかった。生のパイナップルとキウイのざく切りの上に、散らしてあるのは金箔。これも創作。面白い。お茶を頼めばダマン・フレール。さすがミシュラン1つ星と思うのは、料理に煌びやかさがあること。価格は地方ならではのお得感あり。この次は友人や家族と来て、バルビゾンもセットで楽しもうと

企んでいる。

14:00 ─────────

ゆっくりお茶を楽しんでから、レ・ザンファン・ルージュを出た。ボース通りの、隣り合わせのような位置にはMarché des Enfants Rouges（マルシェ・デ・ザンファン・ルージュ）がある。正門はブルターニュ通りに。16世紀に孤児院があった跡地に出来た、パリ最古の常設市場の一つ。屋台が並ぶことでも有名だ。

神社の参道に並ぶお祭りの屋台のようなイメージを頭に浮かべていたが、実際に訪れてみれば屋根付きの建物。その中に、食事するスペースと生鮮食品売り場が同居しているマルシェだった。強いて言えば、築地市場の場外売り場のような。市場ではBIOのライチ等があり、なかなかに品揃えは悪くない。スーパーで3€台だったエシレが4€台と、価格は若干高いように思えたが。屋台の方は中近東やイタリア、メキシコ料理等、エスニックな料理が並んでいる。若いパリジャンに受けていると言うが、噂通りに外のテラス席まで地元の人々や観光客でびっしりだった。

ブルターニュ通りに出て、来る時には慌てていて目に入らなかったLadurée（ラデュレー）を見つける。間口の小さな店舗は売店のみで、ティールームは無さそうだ。この辺りも色々と変身中らしい。これから向かうPoilâne（ポワラーヌ　3区）も然り。脇道の小さなRue Debelleyme（ドゥベレイム通り）からすぐの所に茶色に白抜きの看板が見える。中はゆったりとしたスペースに大きな丸テーブル。座れるのは8人位。パンを売るだけでなく、オープンサンド等で軽く食事も出来ると言う。旅も終わりに近い。もうお土産も充分だと、偵察だけで済ます。Boulevard du Temple（タンプル大通り）まで歩き、バスティーユへ向かう91番のバスで帰途に着いた。

乗車して、時計を見れば15時前。体力も充分残っている。席に座ったものの、またしても気が変わる。停留所を二つ、三つ行った先のSaint-Gilles（サン・ジル）で降りてしまった。アパルトマンへ直に帰らずに一仕事しようか。迷わずに辿り着ける筈と、歩き出す。

この辺りに来るのは三度目。初回はビストロ Le Petit Marché（ル・プティ・マルシェ）を目指して。紅茶屋のダマン・フレールをネットで調べていて、ヒットした。日本人の口コミは無かったが、地元の人や観光客に人気がある。料理の画像を見れば、相性も良さそう。で、スケジュールにきっちりと書き込んだ。サン・ジル通りから角のパン屋を左折して Rue de Béarn

マルシェ・デ・
ザンファン・ルージュ

ル・プティ・マルシェ

（ベアルン通り）に入れば、遠くにヴォージュ広場へ通じる門が見えている。この通りを真っ直ぐ行けば、ル・プティ・マルシェがその中程の右側に見えてくる。予約出来るが、無しでも並べばOK。訪れた時は満席で10分程待たされただけ。回転が良い。スタッフ（特にイケメンのお兄さん）が気持ち良く働いている。歓談する声が溢れている店内は、まさにマルシェだ。

手書きのメニューにはランチが2品で16€（2017年）。パリの中心で、この値段！ アラカルトで頼んでも、またまた安い。友人と二人、メインに羊と牛のロースト。デザートも別々に一つずつ頼んだ。アミューズはテーブルの上のオリーブで終わり。待っている間に、お隣に鴨のローストが。いや、それ一人分じゃないでしょうぐらいの量。実に旨そうではあるが。私達が選んだメインも同じ。ベアルネーズソースが掛かった羊の一皿を、二人で

食べてちょうど。牛は二人で頑張っても残ってしまった。付け合わせのマッシュポテトと茹でたインゲンもお皿に山盛り。ミネラルウォーターも含め、合計67€（2017年）は安い。ただ、量が多過ぎ。前菜に魚系のサラダ一皿。メインに肉一皿。そしてデザートは別々に。女性二人だったら、それが正解。

二度目は、パリの冬季大バーゲンの時。ベアルン通りに入り、ル・プティ・マルシェを横目にヴォージュ広場へ。その一角に、上品だが気取りのないデザインのバッグ専門店Pourchet（プルシェ　3区）がある。創業100年以上。いつもは素通りだが、バーゲンの時だからこそのお買い物で、約40%の値引きが狙い。滅多に高価な買い物をしないから、注文はウルサイ。A4サイズの書類が入る大きさで、内ポケットには貴重品を隠すファスナー付きで等々。結果的にバーゲン品

の中には自分好みのバッグは見つからなかったが、また来ようと思う。今度は長く使える丈夫な財布を探してみよう。

15:00 ─────────

　三度目の、今日。ヴォージュ広場には整然と刈られた木々が生い茂り、緑の芝生が広がっている。大勢の人々が座り込んで、初夏の日差しを浴びていた。パリの5月は半袖一枚でちょうど良いぐらい。一方、雨が降れば、途端にジャケットが欲しくなる。広場の周囲には色々なブティックや3つ星レストラン L'AMBROISIE（ランブロワジー）の他に、老舗のレストランやカフェが幾つかある。サロン・ド・テのCARETTE（カレット）は、その中でも新参者だ。気が付けば、いつの間にか周囲に馴染んでいた。本店は高級住宅街の16区。クレープ等の軽食の他に、ケーキやパンがある。ここのマカロン。自分的には値段が手頃で、パリで一番美味しいと思う。小説『レ・ミゼラブル』等を書いたヴィクトル・ユゴー記念館もあるが、未訪。つい、食べる方を優先してしまう。

　サン・ジル通りからヴォージュ広場まで来て。Rue des Francs Bourgeois（フラン・ブルジョワ通り）を行く。ブランド通りとして超有名。ガイドブックにも洩れなく載っている。お店を覗きながら、ゆっくり歩けば全長

30分ぐらい。中間あたりで左折して、アパルトマン。本当に便利な地区に宿を決めたなぁと思う。

　通りに入って、すぐの所にCOMPTOIR DES COTONNIERS（コントワール・デ・コトニエ）。7区のサン・ドミニク通りでも見掛けたカジュアルブランドだ。次に BENSIMON（ベンシモン）。カラフルなキャンバスシューズが人気のお店。普段使いに一足買おうと、入ってみる。値段は29€～（2019年）。サッと履ける紐無しが無い。子供用だったらあるが、運動靴のようなデザインだった。

　店を出た先には Jardin de l'Hôtel Lamoignon（ラモワニョン館の庭）。パリ市立歴史図書館の裏手にある、この小さな庭でもベンチに座って人々が寛いでいる。更に先で中年？　いや高齢者のバンドが路上ライブ中。パリの至る所で見掛けるシーン。最近では若者よりも多いような。全くもって自由だ。

　フラン・ブルジョワ通り、39番地にはユニクロ。あれは、10月末頃だったか。あまりの寒さに、このお店でカーディガンを買ったことがある。日本の約1.5倍のパリ価格。高い。デザイン的には若干違うのかも知れないが。その先に LANCEL（ランセル）や、バスティーユにもある Sessùn（セッスン）。流石にファッションのブティッ

カレット

ランブロワジー

フラン・ブルジョア通り

ランセル

シャネル

クが次々に並んでいる。店構えは小さいが MUJI（無印良品）や CHANEL（シャネル）もあった。

　Rue Vieille du Temple（ヴィエイユ・デュ・タンプル通り）と交差する地点まで来て、左折すればアパルトマン。真っ直ぐ進めば、飛びっきりに目立つピンクの扉。Antoine et Lili（アントワーヌ・エ・リリ　4区）だ。

　Bastille（バスティーユ　11区）から Villette（ヴィレット　19区）まで約4.5キロ強の、セーヌ川と二つに分かれる運河を結ぶ Canal Saint-Martin（サンマルタン運河）。その流れに沿って Gare de L'Est（東駅）辺りに来れ

ば、黄色・緑・ピンクに色分けされた建物が綺麗に並ぶ風景が現れる。「あれは何だろうねぇ」隣に立っている娘に聞いても、分かる筈が無い。初めての運河クルーズ。母は興奮気味で船の先頭に立ち、狭く底の浅い運河をスルスルと移動する仕組みに目を奪われている。ナポレオンによって計画された、この運河。当初は飲料水確保のために造られたが、後年になって商業用にも活用された。有名なのは映画『アメリ』に登場した橋。ガイドブックに登場すれど、映画は観たことが無い。『北ホテル』も同様。

　運河クルーズにはヴィレットから

乗った。メトロ２号線の Jaurès（ジョレス）で降車して運河まで徒歩約５、６分。二つのクルーズ会社があるが、予約無しで向かってみれば。両方共に満員と即断られた。上手く行けばラッキー程度のつもりだったが、断られればムキになる。悩んではみたものの。万策尽きて引き返そうとした、その時に。Canauxrama（キャノラマ社）のチケット売り場に、予約のバウチャーを持っていない人が立っているではないか。ははぁ、もしかしてキャンセル待ち？　係員の女性に聞いてみれば。「まぁまぁ、お待ちなさいよ」といなされる。これは確率高いなと待って、とうとう乗船チケットをゲット！　一人 17€（2014 年）払い船に乗り込んだのは、発進５分前だった。追加で乗れたのは 10 人前後。予測だが、キャンセル待ちは常時あるのだろう。ただし、夏の繁忙期は無理かも知れない。

　船は約２時間 30 分掛けて、ゆったりと進んで行く。最後まで船首を譲らなかった母はともかく、目を瞠ったのはバスティーユに近づいてから。今まで川面をゆらゆら進んでいた船が、地下水路に入って行く。天井の明かり取りから差し込む陽の光と幻想的な青い水面。まるで異次元の世界に迷い込んだような風景。運河の旅。悪くないと思った。

　バスティーユに着く少し前に、ク

ルーズ船の中から見た３つに色分けされた特徴ある建物。それがアントワーヌ・エ・リリ（10 区）。黄色はテーブルウェア、緑は子供用雑貨、ピンクは女性ファッション。用途別に分けてある建物を、実際に見て歩いたのは３年後。パン・デザミが一流のレストランから引っ張りだこのパン屋 Du Pain et Des Idées（デュ・パン・エ・デジデ）からの帰りだった。テーブルウェア館の棚には和食器があったり、子供用雑貨の中には（多分）日本製のキューピーがいたり。女性ファッション館にも日本製の髪飾り。つまるところ、二人のデザイナーのコンセプトはアジアン・キッチュなんだそうで。うっかり日本製を買わないように気を付けた方が良いような。ただ、オリジナルデザインの衣服やバッグは独特の色使い。シンプル・シックなスタイルが気に入れば、お買い時。靴も素敵だ。

15:45 ——————————

　更に直進し、フラン・ブルジョワ通りの終点まで来れば。車が頻繁に往来する Rue des Archives（アルシーヴ通り）に突き当たる。昼食後に約１時間。その後、バスで移動。サン・ジル通りから歩き続け、ここまで１時間。合計２時間の歩き。さすがに疲れてきた。

　デパート BHV（ベー・アッシュ・ヴェー）の脇から始まるこの通りにも

サンマルタン運河

アントワーヌ・エ・リリ

GUCCI（グッチ）に GIVENCHY（ジヴァンシー）、そして FENDI（フェンディ）等、ゾロゾロとビッグなブランドが並んでいる。そこで、素朴な疑問。大バーゲンの時はどうなのか？ モンテーニュ大通りと同じく、お高いままなのか。ちょっと見てみたい気がするが、ブランドより美味しいモノの自分。

アルシーヴ通りでのお目当てはプラリネのお店 MAZET（マゼ）。ナッツ類をキャラメリゼして砕き、チョコレートと混ぜて作るお菓子。大好物。1900 年代から続く老舗。CDG 空港の免税店でも買えることは後から知った。比較的新しいお店の jadis et gourmande（ジャディス・エ・グルマンド）はチョコレートのセレクトショップ。個性的なチョコレートがお土産にぴったりだ。

午後の街歩きを終えて、アパルトマンに着いて 16 時近く。この時間、日本だったら真夜中だけれど。多分、まだ起きているだろうと娘に電話する。「そろそろ寝る所だったよ」と言いつつ、話に付き合ってくれた。

セーヌ川の淵に立ち、コンシェルジュリーの美しい写真を撮っていた時の事だ。中学生ぐらいの、しかも女の子が数人寄って来た。手にアンケートを取るためのようなボードを持って。彼女達が何かを言う前に強く「No!」と言って、サッと立ち去る。「狙われたんだよね、日本人って分かったからかな」と言えば「そう言えば、モンマルトルでもいたよね」と返ってくる。

あの時は電車の中だった。地図を手に近づいて来たのは、ジプシーの親子。外国人に道を聞く子供。その矛盾。後ろから母親らしき人の手がバッグに伸びていた。今日の彼女達は姿格好からして普通の家庭に育った子供達に見えた。所謂、不良ではなく。これからもパリはどんどん変わって行くのだろう。良い意味でも、悪い意味でも。気を引き締めなくてはいけない、そんなシーンもある。

17:30 ──────────

電話の後、暫く休憩して。夕飯の前

のご近所散策に出る。17時過ぎでも昼間のように明るい。まだまだ出歩かなければ勿体ない！　そんな気持ちになってしまう。トートバックの中にエコバッグまで突っ込んで、本日3度目の外出へ。足の調子も悪くない。痛み止めの薬を飲む回数も減ってきた。

アパルトマンを出て。前の通りのすぐ先を右に曲がって Rue Sainte Croix de la Bretonnerie（サント・クロワ・ド・ラ・ブルトヌリ通り）。角にはアイスクリームの Amorino（アモリーノ）。パリに到着した、その日にレストランの EATALY（イータリー）を目指して脇目もふらずに夜道を歩いた。通りに入ってすぐの所に PIERRE HERMÉ（ピエール・エルメ　4区）。パウンドケーキが22€ にマカロンが1個 2.20€。多分、値段は日本で買っても同じ。

その斜め向かいに une Glace à Paris（ユヌ・グラス・ア・パリ　4区）。MOF の資格を持つパティシエが創作するアイスクリームのデコレーションが凄い。アイスバーもハーゲンダッツよりも旨そう。お店の奥はティールームになっている。多少の未練があったが、夕食の前だからと食べずに出て来る。

その先に Nature & Découvertes（ナチュール＆デクヴェルト　4区）。前を通る度に気になっていたお店。イ

ンテリアと言うか、雑貨と言うか。ハンモックがあるかと思えば、天体望遠鏡。地下にはお茶やら子供用の玩具から、お香まで。メイド・イン・フランスに気を付けて、従弟にお土産を買う。ありとあらゆる分野から集めた自然派グッズで溢れる店内。スタッフはとても親切。展示品の他に在庫があるかと聞けば、15分も掛けて調べてくれた。結果は棚に並んでいた品を買う羽目に。少しはオマケして欲しかったと、思う。

スーパー monop'（モノップ）に着く。明日は帰国だ。紅茶はトワイニングの Lady Gray（レディ・グレイ）、モノプリのお菓子の中でも Gourmet（グルメ）シリーズから我が家定番の2種類のお菓子。これぐらいにしておこう。既にお土産は部屋に溢れている。どうせ、最終日だって何かしら買うことになる。

モノップの更に先はアルシーヴ通り。ここまで来たのだからと、グルリと戻る形でヴェルリー通りに入り、Maison Aleph（メゾン・アレフ）に立ち寄る。小さなお店なのに、隅っこに座って食べるスペースもあった。約3センチ角の小さな焼き菓子が、とにかくオシャレで可愛い。やっぱり買ってみようと、4個箱に入れて貰って10€（2019年）。またお菓子を買ってしまった。

ユヌ・グラス・ア・パリ

パリ最後の夕食

先っちょが
ユニーク！

ナチュール＆デクヴェルト

本日最後の
お買い物

19:00 ─────────────────

　気持ち、夕暮れてきたような時間。明日のことを考えれば、もう帰るべきとアパルトマンに戻る。最後の夕食は、残り物整理。骨付きベーコンをじゃが芋とソテーして、ニョッキと海老のスープを作る。尻尾が面白いムフタールで買ったバゲットに、デザートはプラムのパイ。ニョッキが思ったよりも美味しくない。何と言うか、もちもち感に欠けている。こんな時もあるのかと、少しがっかり。一方ル・フルニ・ド・ムフタールの、特にプラムのパイは絶品だった。酸っぱさ控えめの甘さが口に広がり、パイからはバターの良い香りがした。

　今日も歩けるだけ、歩いた。明日は帰国日。お風呂にゆっくり浸かって、早めに寝ることにしよう。

8日目
パリ、見納めは
ノートルダム大聖堂

＊ Cathédrale Notre-Dame de Paris
（ノートルダム大聖堂）
＊アンティーク村　Village Saint-Paul
（ヴィラージュ・サンポール）
＊昼食　『Soon Grill』（スーン・グリ
ル）
＊帰国 CDG 空港

6:00 ——————

起床して、まずは荷造り。行く先々
で、ちょっとのつもりでお土産を買っ
て。入るだろうか。入らなかったら、
どうする？　といつも迷う。1 時間掛
かって何とか全部詰め込んでホッとし
たら、次は部屋のチェック。アパルト
マンは最初に来た時と、ほぼ同じ状態
に戻すのがキマリ。朝食に使う分を残
して、洗った食器は棚に収納。日々ゴ
ミをなるべく落とさないようにしてい
た床は、ほぼ完ぺき。掃除は好きじゃ
ないから、汚さないように気を付ける。
まぁ、一人だから元々大したコト無い
のだが。

その後は朝食の準備。いつも使い切
れずに残るのは、マルシェで買ったサ
ラダ菜。一摑みで OK とジェスチャー
で頼んだ結果が、コレ。そりゃそうだ、
男の人の大きな手で計るもんねと呟き

ながら頑張って食べる。基本、生の野
菜は好きじゃない。体に必要と思って
仕方なく食べるから旨くない。料理方
法を少し仕入れた方がいいかなと、反
省。

日帰りの旅用に持って来た、100 均
で買ったマイボトル。残った水とペ
パーミントティーを入れて持ち歩き用
に作ったら終了。帰国準備は 80％ ぐ
らい整った。

朝食にティエリー・マルクスのブリ
オッシュを食べる。勿体ないと思い
ながらも、美味しさで手が止まらな
い。おやつ用にほんの少しだけ残して、
BIO のバナナも食べてしまう。冷蔵
庫の中はお土産のバターやチョコレー
ト等だけが残った。テーブルの上には
買い集めたお土産、等々。キャリー
ケースに詰め込むだけにして、さぁ！
午前中のスケジュールをこなそう。退
室は 15:00。余裕たっぷり。

8:30 ——————

最終日の午前中は Passage Galerie
Vivienne（パッサージュ・ギャル
リー・ヴィヴィエンヌ）をチェック
して、昼食へ。こんな予定を立てて
いた。だが今回。やっぱり確認して
おくべきだろうと思う事件が、出発
の直前に起きた。思ってもみなかっ
た Cathédrale Notre-Dame de Paris
（ノートルダム大聖堂）の火災だ。失
火の原因は明らかにされていないが、

どうやらテロでは無いらしい。家族には近寄るなと言われて来たものの……。今までに何度も訪れたノートルダムは今、どうなっているのか？　気になって仕方ない。自然と足は、Île de la Cité（シテ島）に向かっていた。

　Navigo（ナヴィゴ）は昨日の日曜日で、とうとう使用期限終了。今日からは前回の旅で購入した Carnet（カルネ　10枚の割安切符）の残りを使う。果たして使える？　と不安だったのは……。パリの地下鉄は出る時に切符が不要。フリーパスだけれど、入場した後も切符は捨てられない。時に検札係員が待ち構えていることがあるからだ。無賃乗車が見つかれば、罰金。今回は珍しく２回も出会った。いつまでも捨てずに持っているうちに、使用前なのか使用後なのかが時々分からなくなる。ジックリと裏をひっくり返して未使用と確認した切符は使えた。助かったが、もう１枚しか残っていない。またカルネを買い足すことになりそうだ。

　バスが橋を渡ってシテ島に入り、降りたのはコンシェルジュリーの前。右に回れば、フランス革命時にマリー・アントワネットが収監されていた牢獄を見学する入口。先を真っ直ぐ行けば、パリで最も美しいと言うステンドグラスのサント・シャペル。その向かいに見えるのは、メトロ４号線 Cité（シ

テ）駅の入口。その背後には屋根付きの倉庫のような緑色した建物が並んでいる。うっかり見逃しそうだが、グルリと表に回ればシテ島名物の Marché aux FleursÎle（花市）だと分る。11月になれば、クリスマス用のオーナメントが店頭に飾られて華やかに。無休だが、日曜には小鳥市も立つ。花市の向かいの、病院を挟んだ向こう側に、昼間は何と言う事もない警察署がある。推理小説に登場する警察官探偵メグレが配属されたのは、ここパリ警視庁。実際に小説を読んだことは無いが、アニメ「名探偵コナン」に登場する人物のモデルであることは確かだろう。夜の暗闇に浮かび上がるライトアップは、フランスの国旗と同じ３色。警察署なのに、何気にお洒落。

　パリ発祥の地、シテ島は周囲をのんびりと歩いても２時間は掛からない。この小さな島で最初に観るべきは、間違いなく世界遺産のノートルダム大聖堂だろう。ここも気が付けば、大勢の人が押し掛けるようになった。正面から見て左側にある塔へ上る入口も同じ。何回か横を通ったが並の行列じゃない。塔の上からパリを守る魔除けのガーゴイルやキマイラに逢いたいなと思うものの、その数にメゲテしまう。聖堂自体は無料で入ることが出来る。ゴシック建築のシンメトリーのファサードの見事さ。バラ窓のステンドグラスの美

修復中のノートルダム大聖堂

一度は見ておきたい
美しいバラ窓

後ろ姿

夜のパリ警視庁

シテの島花市

ベルティヨン

しさは格別。1163年の着工から完成までに約200年。歴代の司教の衣服やメダル等を集めた宝物室は有料だ。

昨年の12月もBerthillon（ベルティヨン　4区）へ行くために聖堂の脇を抜けてile Saint-Louis（サン・ルイ島）に歩いて渡った。1954年創業のパリで一番美味しいと言うアイスクリーム屋さん。サロンは満員。隣の売店の方に回って、いちじくのアイスクリームを立って食べた。暑いシーズンの行列に比べれば、まだマシだったが。その時の行きも帰りも、聖堂の木製の尖塔部分が改装中だとは全く気が付かなかった。見ていないのだ。何年も同じ姿だから、見たつもりでいる。そして、火災。

警察署の角を曲がり、寺院に行こうとしてバリケード。そっか、遠回りして反対側からはどうだ？　と向かっても駄目。もしかして警察内部から行ける？　とまで試すって、我ながらシブトイ。同じようにウロウロしている婦人二人と出会い、聖堂が良く見える場所まで連れて行って貰った。口々に「Pont……」（ポン）と言うから橋だろうと推察。なんのことは無い。元来た道を戻り、Pont Saint-Michel（サン・ミシェル橋）から眺めるのだった。大勢の人々が橋の上からノートルダムを撮っている。生い茂る葉で中央のバラ窓が覆い尽くされ、クレーンの長い手が聖堂の横に伸びている。再建に何年掛かるのだろうか。多分、美しく生

切符売り場（幹線）

青のボードは発車案内

最上段 8:09 発
Chartres ホーム
18 番

まれ変わった姿を観ることは出来ない気がする。20年掛かったとして、自分が元気で歩いていられるか？　疑問だ。

　ノートルダム大聖堂前の広場には「POINT ZERO」（ポワン・ゼロ）地点を示す印があり、そこを基点にパリから何キロと測る。その先にある地下へ下る石の階段を行けば Crypte archéologique du Parvis de Notre Dame（ノートルダム地下聖堂）。ローマ時代以前にまで遡る、パリがパリと呼ばれる以前の遺跡。駐車場を造ろうとして発掘されたと言う。CG等の技術を駆使した考古学博物館は、フランス語が出来なくても遺跡が好きな人には楽しめるようになっていた。そう言う自分も、そう。遥か遠い昔。人々が踏みしめた道や気持ち良さげに湯を浴びた浴場。想像するだけでワクワクしてくる。そこも今回は立ち入り禁止区域に入っていた。

　ノートルダム大聖堂がある場所。そこには更に昔、別の教会があった。改修せずに、再建築して名前をノートルダムに変えたのは何故か？　当時のカトリックの勢力と関係がありそうだが、良くは分からない。そもそもノートルダムと名が付く教会は、フランスに幾つもある。シャルトル・ブルーと呼ばれる世界で最も美しい青のステンドグラスに、秀逸なゴシック建築のシャルトル大聖堂。本名は Cathédrale Notre-Dame de Chartres（シャルトル　ノートルダム大聖堂）だ。フランス語の Notre-Dame（ノートルダム）には「われらの貴婦人」の意味がある。つまるところ、キリスト教のマリア様に捧げる教会。自分は宗教に拘りが無い日本人の典型だから、全く気が付かないままにパリやフランス各地をふらふら歩き、古い教会を観てきた。旅人はそんなもんだよと自分を慰めたが、少し恥ずかしい。

　友人と二人、久し振りに訪れたシャルトル。出発は Montparnasse

（モンパルナス）駅。8:09発を日本で調べておき、いつもより早めに出発。広いSNCF（国鉄）の駅で迷うのがBilletterie（切符売り場）。目的地のChartres（シャルトル）はÎle-de-France（イル・ド・フランス）か、それともTrains Grandes Lignes（トラン・グランド・リーニュ　幹線）なのか。一体、どのような区分けでパリ郊外、若しくは幹線と区別しているのか。その辺りが未だに良く分かっていない。乗車時間は1時間ちょっと。自分が住んでいる東京からを考えれば、箱根あたりか。新幹線だったら静岡辺りまで行ける。いずれにせよ実際に窓口で聞けば分かると6時に起床して朝食を軽く食べ、急ぎ足でアパルトマンを出た。

迷ったが、結局は幹線の3階（日本の4階）へ。切符は60歳以上の割引（片道のみ安くなる）で、行きが12€、帰りは16€だった（2018年）。1時間15分の乗車で、終点がシャルトル。うっかり乗過ごす心配が無い。だが、もう一つ悩ましいことがある。乗車ホームが10分ぐらい前にならなければ電光掲示板に表示されないのだ。今までは出発の青のボードに案内が出るのをジッと待つだけだった。が、この時に初めて気が付いたことがある。緑のボードに表示されるシャルトルからの到着ホーム。そこが折り返し出発ホームだった。時間にゆとりがあったからこその、発見。果たして常に往復、同じホームを使うのか？　これからの旅で実証すべき課題だ。

抜けるような青空の下、初めての友人と二人シャルトルに向かう。ウン十年振りなのに、駅からも天を突くようなシャルトル大聖堂の尖塔が遠くに見えている、その記憶が蘇った。

あの時は12月。娘と二人、寒さに凍えながら10分ほど歩いて聖堂に辿り着いた。シンと静まり返った空気の中で観るステンドグラスは神秘的に美しかったが、床から這い上がって来る冷気が半端無い。ぶるぶると震えるような寒さだった。帰りは花市に出会い、地元の人々で賑わうカフェ・レストランで昼食にクロック・ムッシュを食べた。その温かさが今でも心の底にじんわりと残っている。

二度目のシャルトルは、明るい日差しに恵まれた5月。開店前のレストランが並ぶ静かな小路を通り抜けて、真っ先に聖堂へと向かう。見学は8:30から。ところが、入口の扉には鎖。そして「90 anniversaire du Rallye Saint-Hubert」と書いてある看板が下がっている。anniversaireは多分記念日。何かの90周年記念のため一般の人が参観出来るのは12:30からという事か！仕方なく街歩きを先にして、再び戻ってみれば。正装の司教が出て来て、信

シャルトル大聖堂　　レストラン　ル・モリエール（中庭）

後から
出てきました！

者の一人一人に祝福を授けていた。周囲には賑やかな楽団。キリスト教に全く疎いのだから仕方ないが、ユーチューブで確認しても必ず大きなホルンを抱えた楽隊の演奏がアップされている。何時か、誰か、知っている人に出会えたら聞いてみたいものだ。

　聖堂が開くまでの間に歩いたシャルトルの街では、思いがけない幸運が待っていた。パン屋や紅茶屋が並ぶ目抜き通りの先。本来は農産物市場となる場所で、日曜ならではの蚤の市が開催されていた。のんびりとした雰囲気の中。日本のフリーマーケットのような品々が並んでいる。まだまだ使えるティーセット、椅子に座った操り人形のピエロ、幸運を呼ぶ梟（ふくろう）の置物や可愛い香水の空き瓶。何か買うでもなく、歩いて見るだけで楽しかった。

　市場の先にはシャルトルの観光案内所。別名 Maison de Saumon（サーモン・ハウス）。ノルマンディー地方でも良く見掛ける古い木組みの家の門柱に、木彫りの鮭が貼り付いている。地番は Place Poissonnerie（ポワソヌリー　魚広場）。昔はこの辺りに魚市場があったのか？　案内所の中にはシャルトルの絵葉書やお土産用の瓶詰のリエット、はちみつ等。シンボルの聖堂がラベルに描かれた地ビールは3€。

　観光案内所を出て、時計は11時過ぎ。早めに昼食に向かう。歩き回って見つけたのは、元・司祭の館レストラン Le Molière（ル・モリエール）。有り難いことに、朝から夜まで通しで営業中と看板に出ている。こんな天気の良い日にはテラスでと、じっくり座り込んで時間を掛けて食べた。さぁ、そろそろ帰ろうかとトイレを借りに館に戻れば。なんと！　カウンターに豪勢な料理がズラリと並んでいるではないか。やっぱり、フランスの本格的な昼食は12時からなのだ。悔し紛れにいちごのパイを注文する。大きなパイに、大粒のいちご。ポットのお湯はお替りが出来て、好きなだけお茶が飲める。そんな優雅なひとときを過ごした

時の（ケーキを除いた）昼食代は、二人で約30€（2018年）。

友人は館の気品ある雰囲気が随分気に入ったようだった。自分はと言えば。地方へ行けば安くて旨い食事にありつける。だから、やめられない。

シャルトル大聖堂のステンドグラスを堪能して駅に戻り、電車を待つ間にエヴィアンの水を使ったクスミティーのお茶を売店で発見。2.50€、日本円で約330円はちょっと高い。そう言えばモンパルナスの駅でもクスミティーの自販機を見掛けた。メトロと全く違うお洒落なボックス。とにかくの、紅茶好き。ヤルナと、心の中で独り言ちる。

ジャンヌ・ダルクが最期を遂げた地、ルーアンにも大聖堂がある。ここも正式にはCathédrale Notre-Dame de Rouen（ルーアン　ノートルダム大聖堂）。モネが聖堂の前に陣取り、描いた連作は33点。朝・昼・夜と、時間の移ろいにより変わりゆく光を纏う光景を何度も何度も描いている。そこが印象派の巨匠と言われる所以。この時も友人と二人、目的はMusée des Beaux-Arts de Rouen（ルーアン美術館）だった。

予定を前倒してRouen（ルーアン）行きを決めたのは、デモによる混乱騒ぎが続いた2018年12月。前夜にアパルトマンの女性担当者から連絡があり、

危ない市内から遠出へと変更したのはいいものの、出発の国鉄Gare Saint-Lazare（サン・ラザール）駅ではモタモタする羽目に。何とか手に入れた切符は、行き24.10€（2018年）、帰り19.50€。今度は帰りが割安だった。その基準、良く分からないなと思いつつ。慌ただしくCompostage（コンポスタージュ　切符刻印機）を済まそうとして、驚く。切符を挟んでガッチャンではなく、バーコード読み取り式に変わっていた。フランスの国鉄には改札が無い。代わりに、乗車前のこの小さな作業を忘れれば罰金が待っている。刻々と変化する世の中に付いて行けない気配、濃厚。パリは比較的年寄りには親切だからと、慢心は出来ない。

ノルマンディー地方の首都と言うが、ルーアンの街もシャルトルと同じように自分の足で街歩きが出来るサイズ。駅から伸びる大通りを中心に（駅を背中にして）左側にはヨーロッパでも最

刻印機　　　郊外で見かける型

ルーアン駅	パティスリー　オズー	ルーアン大聖堂

古の一つと言われる Gros-Horloge（大時計）や Cathédrale de Rouen（ルーアン大聖堂）。そしてルーアン美術館等がある。右側には PLACE DU VIEUX-MARCHÉ（ヴィユ マルシェ広場　旧市場広場）。そこにはジャンヌ・ダルクが魔女裁判で死刑になった跡地に建てられた風変わりなデザインの Église Sainte-Jeanne-d'Arc（ジャンヌ・ダルク教会）と、天蓋付きの市場がある。レストランやお店が集中している繁華街も、通りを渡った反対側に。チョコレートの Auzou（オズー）の前まで行きながら、ジャンヌ・ダルクの涙を買い忘れたのはしごく残念。マカロンも美味しいらしい。

　急遽土曜出発にして BIO のマルシェに偶然出会ったのも嬉しい誤算だったが、何が素晴らしいって！　それは初めて観たルーアン大聖堂に尽きる。細かな細工をこれでもかと施した正面の彫刻群の素晴らしさ。そう、愚直に素晴らしい‼　と感嘆の言葉が口から溢れるぐらいの。自分的に今までに出会った教会の最高峰。荘厳な雰囲気で満ちた教会内部も素晴らしいが、まずは正面をいつまでも眺めていたい。12 世紀から 400 年もの年月を掛けてロマネスクからゴシックへと移り変わりつつ、レース編みのような繊細な美しさを造り上げた。これ以上の壮麗な教会に今後出会うことがあるだろうか。モネが執着したのも分かるような気がする。

　聖堂と対峙する場所には Office de Tourisme（観光案内所）がある。モネが居座って描き続けたのが、その 2 階。うっかり見忘れたので、見学用に開放しているのかは不明だ。案内所の中にはお土産コーナーがあり、カウンターには簡単な日本語を話す女性が座っている。レストランの予約を頼んでみれば、気持ちよく対応してくれた。とても親切。予定していたミシュラン 2 つ星の Gill（ジル）は満席だったが、代わりに勧めてくれたビストロ La Place も悪くなかった。次回はせめて前日に自分で予約して、2 つ星に挑戦してみたいと思う。

　その後、本来の目的だったルーアン

美術館へ。入場は無料だ。期待のモネばかりでなく、ルノワールやシスレー、ピサロ、コロー等々の絵画をも所蔵。予想以上の見応えがあった。1時間で全てを観ようとしても、ちょっと厳しかった。もう少し多めに時間設定をすべきだと思いつつ後にした。初めて観た大聖堂の見事さ、美味しいレストラン、そして充実した美術館。ルーアン、絶対にまた行くだろう。

10:15 ——————

ノートルダム大聖堂を垣間見て。朝降り立ったバス停の向かい側から96番に乗り、Saint-Paul（サン・ポール）まで戻って来た。旅の最後に、パリならではのAntique（アンティーク）へ。時間が許す限り、じっくりと見て歩こうかと思っている。

パリのアンティークと言えば、真っ先に浮かぶのはmarché aux puces（マルシェ・オ・ピュス）と呼ばれる蚤の市。Pucesは蚤。19世紀後半頃に始まったと言われるボロ市が起源らしい。良く知られている3大蚤の市の中で一番有名なのは最大の規模を誇る、北のMarché de Clignancourt（クリニャンクールの蚤の市）。次に東のMarché aux Puces de Montreuil（モントルイユの蚤の市）。そして最後は南のMarché aux Puces Vanves（ヴァンヴーの蚤の市）。この3つの蚤の市には、それぞれに特色がある。

＊クリニャンクールの蚤の市

メトロ4号線Porte de Clignancourt駅で降車。（別名Marché aux Puces de Saint-Ouen　サントゥアンの蚤の市　毎週土・日・月曜日開催）屋根付きのアーケードMarché Dauphine（マルシェ・ドーフィヌ）はプロが提供する蚤の市で高価な品が多い。手回しの蓄音機（ちゃんと使える）や潜水服は通好みだろう。一方、VERNAISON（ヴェルネゾン）はフリーマーケット的な親しみのある区域。迷路のような小路にキッチン用品や陶磁器の置物、手芸材料等のお店が細々と並び、眺めるだけでも楽しい。広大な敷地には更に別な区域が数カ所。全区域を制覇するには一日がかり。

＊モントルイユの蚤の市

メトロ9号線Montreuil下車（毎週土・日・月曜日開催）。ほぼプロの出店。アンティークやブロカント等というモノではなく、数段階古くなった衣類やシーズン落ち（？）の靴を安く売るお店が目に付いた。子供集団のスリと遭遇したり、写真を撮ろうとして怒られたりを体験。お勧めは出来ない。

＊ヴァンヴーの蚤の市

メトロ13号線Porte de Vanves下車（毎週土・日・祝日　天気に関係なく開催　サイトに日本語あり）。駅から少し離れているが、休日開催のため10時を過ぎれば大勢の人が向かう。Marché aux Puces（蚤の市）の表示に従って行けば間違いない。家庭的な雰囲気で、一番のお薦め。在パリの日本人家族を見かけるほど。油断は禁物だが。友人は身振り手振りで買い物をして、90€を70€でゲット。果たしてお買い得だったのか？　そこが蚤の市。

欲しいモノがあれば、挑戦してみる。そんな意気込みで。珍しいのは美しいイースター用の偽卵。クロスや手芸材料に古着、玩具。Galette des Rois（ガレット・デ・ロワ）に仕込まれるfève（フェー

手まわしの
蓄音機
ちゃんと
音が出ます！

ヴァンヴー

クリニャンクール
ヴェルネゾン地区

これが
アイロン！

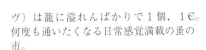

MARCHÉ
VERNAISON

サンポール

ヴ）は籠に溢れんばかりで１個、１€。何度も通いたくなる日常感覚満載の蚤の市。

　パリのにぎやかな中心部から離れた場所にある、３大蚤の市。のんびりとしたピクニック気分で向かうのも捨て難いが、パリのど真ん中にも蚤の市がある。それがミシュランのマップにも載っている Village（村）と名前が付く Village Saint-Paul（サンポール村）。村自体は７世紀頃には既に存在していたらしい。アンティークのお店が集まり始めたのは、35年ぐらい前。比較的新しいが、建物は原宿の「同潤会アパート」のように古い。そもそもアンティークとは100年以上古い骨董品を指す。最近耳にする Brocante（ブロカント）は、フリーマーケットで見掛けるような古道具や中古品。ガイドブックにはアンティーク村と出ていることが多いサンポール村だが、実際には両方が混在する蚤の市だ。

　３年前に訪れた時は、偶然にブロカント市に出会った。大きな垂れ幕。中庭には臨時のテント。そぞろ歩く人々で賑わっていた。食器棚のような家具から銀食器のスプーンやフォーク。お店のムッシュから「これ、何だと思う？」と指さされた鉄製の道具は、あの古いふるいアイロンだった。桶のような形をした入れ物に熱した石炭、若しくは暖炉で熱した石を入れて使うん

だったか。確かフランスの古い映画で観たことがあるような気がする。

バスを降り。10分かそこら歩いてRue Saint-Paul（サンポール通り）に着けば。やけにひっそりしている。定休日ではない筈と、3カ所ぐらいの入口から次々と覗けば……。中庭には工事用の機材が転がり、工事の人の姿もちらほら。「Open」の看板あれど、中に入って良いものかと迷い、諦める。これもまた、オリンピックのため？4年後に初めて自分の足でパリを歩く人々のためにと書き続けている、このパリノート。少しでも役に立ってくれるだろうか。そう思いながら、アパルトマンに向かう。昼食の前に一旦休憩を入れよう。

11:00 ————————

サンポールからの帰りは、バスを使わずに歩く。グルリと回ればRue de Rivoli（リヴォリ通り）。途中にチーズのLaurent Dubois（ロラン・デュボワ）のマレ支店。本店は先日訪れたメトロ10号線Maubert Mutualité（モベール・ミュチュアリテ）の駅前。その先の古い教会を挟んで、雑貨のPYLONES（ピローヌ）。面白いデザインや色彩の雑貨や玩具を置くお店だ。パリの駅ナカや大通り、そしてルーヴル美術館の中にもある。

更に先を行けばL'Atelier du Chocolat（ラトリエ・デュ・ショコラ）。看板にはBAYONNE（バイヨンヌ）と書いてある。フランスの地方、南西部辺り。何故かチョコレート屋が多いらしいが、その謎を解くのは実際に訪れた時にしよう。ガラス越しに並んでいるチョコレートは手頃な値段で美味しそうだ。後ろ髪を引かれたが、お土産はもういいだろう。蚤の市は残念だったが、メトロ1号線のサンポール駅からバスティーユに向かって歩くリヴォリ通り。明るい昼間に歩くのは初めてだったのかも知れないと、今気付く。お土産探しに歩くはアリ。さぁ、帰ろうか。

真っ直ぐランチのお店に向かっても良いところを、一度アパルトマンに戻ったのにはワケがある。それは、トイレタイム。パリはなかなかにトイレを探すのが難しい。以前より公衆トイレは増えた。だが、日本のような公衆トイレを望むことは出来ない。まず、入口がフリーじゃない。ボックスに閉じ込められる感じ。急いでサッと入るには不向き。あれは、ルーンで。パリのように、デパートや大きなホテルで済ますことが出来なかった。「デパートにトイレが無いって、信じられる？」と友人もびっくり。何故ならルーアンには、プランタンもギャルリー・ラファイエットもあるのだから。結局、たった一度きりだが公衆トイレを使った。慣れれば簡単。でも神経質

駅のトイレ
(オステルリッツ)

人気のカウンターバー
ラヴァン・コントワールの
トイレ　オチャメ！

な面もある自分には無理。だから、行き先に使用可能なトイレがあるかどうかは常にチェックする。

　最近のパリ。国鉄の駅やデパート等の商業施設のトイレが綺麗になった。時に、トイレの入口に座っているおばさんのために 0.50€（2018 年）ぐらいの小銭を用意する必要はあるが。朝はアパルトマンで用を済ませてから出掛ける。お昼はレストランで借りる。夕方には一度戻る、若しくはカフェの休憩を挟んでトイレへ。そのパターンで問題無し。

11:50 ─────
　トイレの後、ほんの少しだけ休憩して最後のランチへ。なかなか来ないバスに焦れて、昨日も歩いた Rue Francs Bourgeois（フラン・ブルジョワ通り）を行く。黙々と目的地に向かい、またまた新しいスポット発見！場所はユニクロマレ店を少しだけ過ぎた、向かい側。BENSIMON（ベンシモン）のお隣？　昨日はうっかり見逃

して、今日は目に留まる。その不思議さ、嬉しさ。中庭の先の緑の蔦に絡まれた建物のガラスに書いてあるのは、大好きな mercerie（メルスリー　手芸屋）の文字だ。ほぼ記号として覚えているフランス語。発音は未だに苦手。

　Entrée des Fournisseurs（アントレ・デ・フルニッスール　3区）は窓からの明るい日差しに溢れる、気持ちの良いお店だった。多彩なテープ類に可愛いボタンやフリンジ。手編みらしきカーディガンがハンガーにぶら下がっている。奥のテーブル 2 台には Atelier Brunette（アトリエ・ブリュネット）の生地。1 m 22.50€（2019 年）は日本で買うのと同じぐらいか。パリで買っても安くないが、生地の選択肢は多い。

　パリの手芸屋は、例えば東京のユザワヤのような大きな店舗を期待すると少しがっかりする。手芸材料もそう多くはない。それでも試しにボタンを数個買い求め、家で実際に使おうとして、

やっぱり違う。それは色。パリの、その色合いを説明するのは難しい。だが実際に生地に当ててみて、初めて分かる。

洋裁は母に習い10代の頃から始めた。生地屋に行けば何の気なしに、つい手を出してしまう。街角で素敵なデザインのバッグや洋服を見かければ作ってみたくなる。生涯続けられる趣味の一つだから、パリへ行けば必ず手芸屋さんに寄ってみたくなる。そんなこんなで、今までに立ち寄った手芸屋さんがパリには幾つか。

La Droguerie（ラ・ドログリー　1区）は、パリで初めて行った手芸屋さん。今では日本のデパート内にもある。お店は Rue Montorgueil（モントルグイユ通り）の裏手にある Rue du Jour（ジュール通り）に。リボンや糸、ボタン等の他に毛糸の種類も多い。この通りにはファッション・ブランドの agnès b.（アニエス ベー　1区）もあり、バーゲン時には日本で買うよりお得。ただし、スリムな体形が必要？

他に豚足料理で有名な Pied de Cochon（ピエ・ド・コシオン）もあるが、入ったことはない。

次は帽子専門店から始まった Ultramod（ウルトラモッド　2区）。創業1931年の老舗。最寄り駅はメトロ3号線の Quatre-Septembre（キャトル・セプタンブル）。オペラ座か

らも歩いて行ける。Rue de Choiseul（ショワズール通り）を挟んで両側に店舗がある。ビンテージのボタンと糸に、レジの側にぶら下がっている小鋏が可愛い。今度行ったらお土産に絶対買おうと思っている。生地類は少なめだが、日本人のスタッフ（2017年現在）が色々な相談に乗ってくれる。パリでも人気のお店。お客さんがポツポツと絶えない。

4、5年前から時々通っているのは Montmartre（モンマルトル）の生地屋街。所謂、パリの日暮里。目印は Basilique du Sacré-Cœur（サクレ・クール寺院　18区）だ。メトロ2号線の Anvers（アンヴェール）駅を降り、真っ直ぐにお土産通りを行けば白亜の寺院が見えてくる。ナヴィゴを使って Funiculaire（フュニクレールケーブルカー）で昇れば、パリが一望出来る名所でもあるけれど。寺院を正面に右へ少し行けば、大型の店舗が幾つか見えて来る。Moline（モリーヌ　18区）は1879年の創業。土地の名前そのままの、Marché Saint-Pierre（マルシェ・サンピエール）も60年以上の老舗。1階〜2階（日本式）には生地。上階には手芸用品も。別館ではカット生地を扱っている。もう一軒、手芸用品を専門に扱う REINE（レーヌ）は閉店中だったが、こちらも大型店で生地も扱っている。最近になっ

て見つけたのは、手芸屋の Frou-Frou（フルフル）。オートクチュール向きの製品を作っている会社が立ち上げたメルスリー。日本にも販売代理店があるらしい。リボンや糸、ボタンや、美しくカルトナージュされた裁縫箱。コード類も多種多様。金具のリングが幾つも付いているのは初めて観た。可愛いレースも色々。

　手芸屋の中でも、一風変わっているのは Sajou à Paris（サジュー・ア・パリ　3区）。シャルル10世の時代にサジュー氏が創業し、一時中断。彼の意匠を継いだフレデリック・クレスタ＝ビエ夫人によって再開されて、150年以上続く老舗となった。メトロ3号線 Sentier（サンティエ）駅で降りて、Rue du Caire（リュ・デュ・ケール通り）を行く。ヴェルサイユに本店があると言うが、未訪。わざわざ行ってみたが探し出せなかった。糸の種類が圧巻で、裁縫道具も色々。値段は高め。ユニクロのTシャツにまで、お店のデザインが登場。知っている人は知っているのだと驚いた。

　手芸屋の最後は Viaduc des Arts（ヴィアデュック・デ・ザール　芸術の高架橋）にある Le Bonheur des Dames（ル・ボヌール・デ・ダム　12区）。刺繍作家として世界的に有名なセシル・ヴェシエールさんのお店。日本でもアマゾンや楽天で刺繍キット

が手に入る。Avenue Daumesnil（ドメニル大通り）に沿って掛かる高架橋は元鉄道の線路だ。廃線の跡は緑の多い散歩道に改造され、下には様々な店舗が入っている。バスティーユのバス停から、29番で行けば便利。赤煉瓦の高架が見えてきたら、適当な所で降りる。少し先まで歩いて戻っても、たいした距離ではない。まるで新橋の飲食店街のようだが、雰囲気はかなり違う。各店舗のスペースが広く、インテリア関係のお店が多い。他に美術関係や楽器、アクセサリー、バッグ。シャネル等に生地を卸している、テキスタイルの Malhia Kent（マリア・ケント）もある。

　大きなカフェも2店舗。看板を見れば平日限定で HAPPY HOUR とある。月〜金曜日までのお得なランチは前菜＋メイン、またはメイン＋デザートが15.50€（2017年）と割安だ。

　他の手芸屋よりもゆったりとしたスペースのル・ボヌール・デ・ダム。リボンやキルティング用の生地等の他、様々な幅と柄のテープがスゴイ。もちろん、刺繍糸も。手芸に関してより専門的なお店。額縁に入った刺繍画に、天井の大きなリングから吊り下げられているオーナメントが個性的で可愛い。お土産に最適。

　12:00 —————————

　手芸屋アントレ・デ・フルニッスー

アントレ・デ・フルニッスール

サジュー・ア・パリ

ル・ボヌール・デ・ダム

フルフル

ルで、ほんの少し買い物をして出る。その先にはヴォージュ広場。パリ最後のランチは Soon Grill（スーン・グリル　3 区）。韓国料理だ。以前はパリ最後の日を日本料理で〆ていたが、ここ数年アジア料理が気になっている。美食の街だからこそ日本料理以外にも中国や台湾、韓国の美味しいお店があるかもと。

　きっかけはホテルの中華。5 つ星ホテルの Peninsula（ペニンシュラ　16 区）を知っている人は少なくないだろう。ごく最近、改装されて綺麗になった中華の LiLi（リリ）が雑誌で話題になっていた。パリ最後の日を飾るに相応しい？　と意気揚々と出掛けてみたが……。悪くない。だが、ランチ二人で 162€（2017 年　約 21,000 円）は

どうなんだろう？　点心、水餃子、牛肉のオイスター炒めの後は、五目炒飯。デザートのマンゴーとグレープフルーツのスープには特別感があったが。献立全体が普通で、量的にもお上品。当たり前と言えば、当たり前だが。立派な装飾を施した室内に見とれつつ、こういう場所は自分には似合わないなと実感。

　決してグルメではないが、普通に美味しいを求めるのならば。自分にとっての中華の一番は、MIRAMA（美麗華酒家　ミラマ　5 区）だ。メトロ 4 号線 Saint-Michel（サン・ミシェル）駅から徒歩 5、6 分。二人分以上ある牛肉のカシューナッツ炒めが 10.30€（2017 年）。そして、友人がデザートにマンゴーを頼めば。丸々 1 個が大胆

ミラマ　　　　　　　　　スーン・グリル

な切り方で出てきて、9.90€。

　一人旅で出会った台湾料理のZENZOO（珍珠茶館　ゼン・ジュー2区）も良かった。メトロ11号線のBourse（ブルス）駅から歩いて4、5分。近くにはパリで一番美しいと言われるパッサージュGalerie Vivienne（ギャルリー・ヴィヴィエンヌ）がある。ネットで探して、思わず魅かれたのはタピオカティー。偶然だが、今まさに流行中のお茶。ここではウーロン茶にグリーンのタピオカ入り。5€（2018年）は他のお茶に比べたら高いだろう。ランチは定食で16€から。アラカルトで水餃子を頼んで10個。確か3種類から好きな具を選べた。メインに頼んだ海鮮麺もたっぷりで、食べ切れない程だった。餃子は「お持帰り出来ますよ」と言われたが、この時も帰国直前の最終日。涙を飲んだ。会計を終えて、日本語が出来る店員さんがいることに気が付く。1月の雪が舞

うパリ。「お気を付けて」と玄関先まで見送ってくれた。ここは、一人よりも二人以上で色々楽しむのがいい。

　今回、韓国料理を選んだのは、やはり一人旅の時に評判のお店Kohyang（コヒャン　15区）と出会ったからだ。アパルトマンの近くにミシュラン掲載でトリップアドバイザーの評価4.5のお店があるとなれば、行かねばなるまいと向かった。最寄り駅は10号線のCharles Michels（シャルル・ミシェル）。韓国ムードいっぱいのお店を仕切るのは年配のマスター。実は家族と韓国へ行き、焼肉の美味しさを堪能したばかりだった。

　メニューには日本語もあり、頼むのはもちろん焼肉。前菜にチジミを頼めば、一人では食べ切れない量がきて14€（2018年）。BBQと書いてある焼肉を頼んで……。体に優しい野菜料理の小皿が幾つも付いてくる。それは本国と同じ。だが、肉の焼き方がちょっ

と違った。タレに漬け込んだ牛肉を鉄鍋で焼く。じゅうじゅうと煙が立たない、焼肉。美味しかったが、内心はがっかり。一人で頼むのなら、石焼ビビンバがいいだろう。お隣のカップルが実に美味しそうに食べていた。

懲りた筈の韓国料理。本当に日本や韓国で食べるような焼肉は無いのかと、懲りずに探して辿り着いたのがスーン・グリルだ。焼いてる！ 焼いてる！ 鉄板の上で。肉だけでなく海老や烏賊、殻付きの帆立まで。そう、ネットの画像ではビンゴだった。

静かな小路を歩いて、お店に着けば。12時をとっくに過ぎているのに閑散としていた。韓国料理とは言うモノの。気後れしそうな、立派で高級感がある店内。マレの奥まった、こんな場所に？ と思うが。オシャレ。メニューを眺めれば韓国語、フランス語に英語。日本語は無かった。

ランチはスープ＋前菜＋メインの構成。なんとか注文を終えて待てば。最初に牛すじとワカメのスープ。文句なしに旨い。前菜のチヂミが可愛いサイズ。英語に直して、マンゴーのパンケーキ。プチプチ感が面白く、これも美味しかった。ご飯と一緒についてくるおかずは、キムチにブロッコリーのサラダ、蓮根の和え物とシラスの佃煮。別途に頼んだお茶はとうもろこし茶。うっかりはちみつ入りにしてしまった

が、あっさりと甘い。そして、メイン。牛肉の醤油ベースのマリネを頼み、運ばれて来たのは野菜をたっぷり乗せた牛肉。タレにどっぷりと漬かっているのをジャーと焼く。そう、じゅうじゅうではなく。

また失敗してしまった。量は多めで、頑張って食べても80％ぐらいで満腹に。味は悪くない。だが、画像で見たアレは何と言って注文すれば良いのか？ デザートのふわふわ生クリームを載せた柚子のソルベを食べながら、もう一度来るべきだろうと思った。食べ終えて、26.50€（2019年）。

13:10 ─────────

約1時間でお昼が終わる。フレンチだったら余裕を見て2時間は必要だろう。アジア飯は早い。パリでも同じ。それもいい。気が付けば、テーブルが半分ぐらい埋まっている。フランスと馴染みのあるベトナム料理も、いつか試してみたいなと思いつつ店を出た。

帰りはメトロ8号線のChemin Vert（シュマン・ヴェール）駅からメトロを使ってBastille（バスティーユ）に。1号線に乗り換えて、古巣のサン・ポールで降りる。時計を見れば13:30。ちょっとの余裕を散策に充てる。いつもは左へ曲がってアパルトマンへ向かうところを、右へ。最後の最後にサロン・ド・テ Le Loir dans la Théière（ル・ロワール・ダン・ラ・

ムルシアーノ

ティエール　4区）をチェック。『不思議の国のアリス』をコンセプトにした店内をチラリと見たかった。入口からしてティーポットに乗ったネズミのタイル画がメルヘン。キッシュが美味しいと言うが、わざわざ来るかな？と引き返す。

　今回の宿に決めたアパルトマンの周辺には、イスラエル関係のお店が目立つ。近くに教会もあり、少ないが頭に独特のターバンを巻きつけた人も時々見掛けたりする。毎朝、通りがかりに横目で見ていたのはパン屋のMURCIANO（ムルシアーノ　4区）。柔らかそうな編み込みのパンやはちみつパン。YOYO（1個2€　2019年）は、どう見てもドーナツ。一度は食べてみたいと思いつつ、試すチャンスがなかなかに訪れない。パリは美味しいモノに溢れているから。Falafel（ファラフェル）と呼ぶ、ひよこ豆を使ったコロッケをパンに挟んでサンドイッチにして売るお店の前も、いつも長い行列だ。観光客らしい人々も臆せずに並んでいる。美味しいのか？　旨いんだろうなと思いつつ、やっぱり手が出ない。

14:50 ─────────────

　アパルトマンに戻り。忘れ物が無いか部屋を改めて点検して、テーブルに鍵を置いて出る。それだけ。約束の退去時間は15:00。手元に鍵が無いということは、二度と入室出来ないワケで。慎重には慎重を期して、出る。どこへ行くにもロケーションが良いMarais（マレ）は人気がある。今日の夕方には次の旅人が、この部屋に入る予定だ。

　リヴォリ通りまで歩いて出て、タクシーを待つ。帰りだけは頑張った自分へのご褒美で、ラクをする。大きな通りに出れば、ほぼ間違いなく空車はやって来る。待っても大体3、4分。もっと待たされたこともあるので、常に10分は余裕を見ておく。空港行きのLE-BUS DIRECTのバス停がある凱旋門まで乗って約30分。17.50€のところ、トランクルームへの荷物の出し入れを頼んだチップを含めて20€払った。凱旋門のバス乗場は2番。荷物を預ける時に必ず係の人に聞かれるが、ANAの空港ターミナルは1番。間違えたら大変だ。なのに、最近はアレ何処だっけ？　と一瞬、躊躇う。年は取りたくない。15:45発に乗って約1時間。今回は行き帰りも道路が空い

到着ロビーの
マーク＆スペンサー

地下1F（フランス式では-1F）
SUSHISHOP

地下1F　TEPPANとマックカフェ

空港にプレステ！

ていた。混んでいれば、倍かかる時も
ある。

　空港での手続きはHall（ホール）
の番号に従う。出発の3時間前ぐらい
に余裕を持って行くようにしている
が、カウンターの前には既に50人ぐ
らいが待機中だった。受付は17:00開
始、出発は20:00。ホテル等のチェッ
クアウト時間にもよるのだろう。随分
と早い人達がいる。アパルトマンは午
後の設定になっていることが多い。そ
れも、ちょっとしたメリット。

　手続きが終われば、次の必須ステッ
プは手荷物検査。ここは余裕を持って
1時間半以上前に済ませておきたい。
一度だけだが、ものすごい行列に出
会ったことがある。済んでみれば、出
発の1時間前でハラハラ。その時は出

国人数に対して、係がたった二人。と
うとう窓口でバタリと倒れた人が出る
始末。幾らなんでもマイペース過ぎる
だろう、パリ。若干、怒りを覚えた。

　時間的な余裕があれば、一度見てお
くべきは空港の地下。昨年、12月に
改装されて美味しい食堂街に化けてい
た。

　Beaupassage（ボーパッサージュ）
のティエリー・マルクスが展開する
TEPPAN（鉄板焼き）、アジア風のご
飯がテイクアウト出来るSUSHISHOP
（寿司ショップ）。パリのあちこちにあ
るパン屋PAUL（ポール）のマカロ
ンは、特大だが意外に安い。McCafé
（マックカフェ）にスタバもある。駅
でも必ず見掛けるLERAY（リレー）
はキオスク的な存在。到着ロビーに

も新しくイギリスの高級スーパー Marks & Spencer FOOD（マーク＆スペンサー　食品）がオープンしていた。

　手荷物検査を終えて、搭乗口に入る前には免税店や小腹を満たすカフェ等がある。ANA の搭乗口まで進んで、周囲を見回せば隅の方にプレステ4の

デモ機が置いてあった。実は TV ゲームが好き。若い日本人男性と試してみたが、操作方法が分からない。そうだよな、家にあるのはプレステ2だ。そろそろ買い替えようか等と考えていたら搭乗時間になり、無事に羽田に着くことを祈りつつ乗り込んだ。

＊＊＊＊＊＊＊パリのストリート・アート＊＊＊＊＊＊＊

何処からかやって来て絵を描き、影のように消えて行くと言えばバンクシー。社会風刺的な絵をステンシル技法で描き、今やロンドンのサザビーズでは億単位で取引されているそうな。一方、パリの街角で見掛けるストリート・アートには刺激は無いけれど、愛がある。朗らかで明るく、時にはクスリと笑えるような。

モンマルトル「ジュテームの壁」

あっ！
ゼル伝のリンク

9日目
旅の心残り
変わりゆくパリと、
小さな美術館と音楽と

　無事に帰国の飛行機に乗り込んだ。帰りはほとんど、爆睡。映画も少しは観る。今回は Queen（クイーン）の『Bohemian Rhapsody』（ボヘミアン・ラプソディ）を観るだけで終わりそうだ。行きにも観たから、4回目。

　目を閉じて、今回の旅を振り返る。パリはどこもかしこも改造中だった。

　タクシーで凱旋門へ向かう途中のシャンゼリゼ大通り。窓の外を眺めていて、目の端に入ったのは。フランスの街のどこにでもある、スーパー MONOPRIX（モノプリ）。その Champs-Elysées（シャンゼリゼ　8区）店が、大改装を終えて新しく生まれ変わったらしい。それを知っていたら、凱旋門に昇った帰りにちょっと寄るんだったと思っても後の祭り。自由にパリを歩く旅が初めての友人。お土産にと探し回ったのはモノプリのエコバッグ。日本でもなかなかの人気らしい。新しいデザインが出るたびに買い集める人もいるぐらいで。使い易くて、1個2€（2018年）は安い。お土産としても嵩張らない。大概、レジの側にある。我が家用としては MONOPRIX Gourmet（モノプリ・グルメ）シリーズ。お菓子の他にスパイス等もあり、どんどん種類が増えているような気が

ワインコーナーには
サンテ・ミリオンも！

雑貨にも
注目！

バターは有塩（DEMI-SEL）と無塩（DOUX）に注意！　　フォションのお菓子がズラリ

する。有名ブランドの紅茶やバターも揃えているから、買い忘れを補充するのにも便利だ。

滞在3日目。楽しみにしていたMusée d'Art Moderne de la Ville de Paris（パリ市立近代美術館　16区）が改装中だった。お蔭で今回は予想外の寂しい美術館巡りになる始末。パリの美術館と言えばルーヴル、オルセー、オランジュリーを挙げる人が多いが、ガイドブックの隅にあるような小さな美術館も悪くない。

思い出されるのは「ロダンもいいけど、彼の弟子で共に暮らした女流彫刻家のカミーユ・クローデル（Camille Claudel）にも興味があるのよね」と言った職場の先輩の言葉。彼女と向かったMusée Rodin（ロダン美術館　7区）は花盛りの初夏。再び家族と訪れたのは、紅葉真っ盛りの秋。そう、この美術館は彫刻だけでなく、良く手入れされた広い庭の散策も楽しい。Hôtel Biron（ビロン邸）で「地獄の門」を始めとする作品を鑑賞した後は、庭に出る。園内のカフェで一休みしたら散策開始。美術の教科書で誰もが見たことがある「考える人」や「カレーの市民」の他、「バルザック」や「ヴィクトル・ユゴー」の像にも出会える。メトロ13号線のVarenne（ヴァレンヌ）で降りれば、道に標識が出ている。迷うことなく着ける筈だ。

美しい庭がある美術館としては、モンマルトルの丘の中腹にある、Musée de Montmartre（モンマルトル美術館　18区）も捨てがたい。この庭でルノワールは、オルセー美術館所蔵の「ブランコ」を描いた。ピカソやモディリアニが貧乏な時代を過ごしたLe Bateau-Lavoir（洗濯船）と呼ばれた安宿。ルノワールが好んで描いた『Moulin de la galette』（ムーラン・ド・ラ・ギャレット）。誰しもが一度は観たことがある、ロートレックのポスター『Chat Noir』（シャ・ノワール　黒猫）はパリ初のキャバレー。全部、この美術館の周辺にあった。シャンソンが聴けるLapin Agile（ラパン・アジル　跳ね兎）は今も健在。サクレクール寺院を正面に見て、左脇の緩やかな坂を上って行く。途中でユトリロが描いた坂を下る急な階段の前を通り過ぎたら、モンマルトル美術館はもうすぐ。

近くにはEspace Dali（ダリ美術館　18区）もある。2018年に改装して今は、DALÍ PARIS。建物の一角を美術館として使い、ダリの作品のみ展示されている。グニャリと曲がった「柔らかい時計」や真っ赤な「リップ・ソファ」の他に『不思議の国のアリス』に描いた兎の挿絵が不思議な面白さを醸し出していた。ここは無休。旅のアクセントとして、美術館をちょっと覗

ロダン美術館

庭に面したカフェ

モンマルトル
美術館
女流画家ヴァラドンと
息子のユトリロ

ダリ『不思議の国の
アリス』挿絵

いておきたい時に便利。絵画が好きだったら、モンマルトル美術館と梯子するもアリ。お互いに徒歩10分以内。

　似顔絵を描く画家が集まる Place du Tertre（テルトル広場）もすぐ近く。周辺にはお土産屋からレストラン、カフェ等が並ぶ小路があり、そぞろ歩くのも楽しい。

　ミスは常にある、うっかり者の旅。すっかり慣れた教会のコンサート。フォーラム・デ・アールの fnac（フナック）に出向き、買ったチケットは Église Saint-Germain L'Auxerrois（サンジェルマン・ロセロワ教会　1区）のコンサートだった。華々しい経歴を持つ Paul Kuentz（ポール・ケンツ）氏の指揮ではあったが、GLORIA

（グローリア　ミサ曲）ばかりを聴く羽目に。ヴィヴァルディもモーツァルトも大好きだから、うっかり「これで、いいわ」と選んでしまった。パリの TSUTAYA フナックでチケットを取り扱っていない時は、面倒でも教会に出向いて切符を買えば確実。

　また、Opéra Garnier（オペラ・ガルニエ　9区）でバレエを観たい時やオペラを主に上演している L'Opéra de la Bastille（オペラ・バスティーユ　12区）の切符を手に入れたい時も。直接会場に出向いて切符を買えば確実。ただし、遅すぎた！　という場合もある。絶対にチケットが欲しい時は。Classictic.com（クラシックティク・コム）の日本サイトや、旅行代理

店等で購入する手もある。多少高く付いても、旅に大きな彩りを添えてくれるだろう。自分自身は取り敢えず情報を摑んで、パリへ行く。買えるかどうかは運次第。不思議と今までチケットが手に入らなかったことが無かったが、一番高価な席がたった一つだったりしても一期一会とばかりに買ってしまう。時々はミスをしでかしながら、ゆるく、ゆるくパリ行きを続けていく。それが自分スタイルの旅だ。

《有料でコンサートを行う教会》
＊ Sainte Chapelle（サント・シャペル 1区）
＊ Église Saint-Éphrem（サン・エフレム教会 5区）
＊ Église Saint-Germain-des-Prés（サン・ジェルマン・デ・プレ教会 6区）
＊ Église de la Madeleine（マドレーヌ寺院 8区）

《無料のパイプオルガンが聴ける教会》
＊ Église Saint-Eustache（サントゥスタッシュ教会 1区）
フランスで一番大きいパイプオルガン 日曜 17:30 〜
すぐ近くに散策が楽しいモントルグイユ通り

＊ Église Saint-Sulpice（サン・シュルピス教会 6区）
世界最大級のパイプオルガン 日曜 10:30 〜
『ダヴィンチ・コード』、ドラクロワの宗教画でも有名

あとがきの前に

歩けない！（パリのバス事情）

　旅に出る1か月前。いきなり足が痛くなり、病院で診て貰った結果は坐骨神経痛。薬で痛みを取りつつも、歩くのは3時間までと言われてしまいました。そこで階段が多い地下鉄（メトロ）を避けるため、出発までにパリのバスマップを色々と調べてピックアップしたバス路線は全部で12。そしてパリに着いた翌日から即バスに乗った感想は……。

　①平日のパリ中心部周辺での渋滞がすごい。メトロの倍以上の時間が掛かる場合もある。急ぐ時は避けた方が賢明（特にメトロの駅Châtelet　シャトレ近辺）。
　②良い点はのんびりと街の風景を眺めることが出来ること。多少の時間が掛かっても、休憩が出来ると割り切って楽しむ。
　③バス利用でナヴィゴは強い味方だった。間違ったバスにうっかり乗込んでも自由に何度でも乗り降り出来るので、切符を買い直すストレスが全く無かった。

　バスを利用する際の注意点は、乗車前にバスの走行方向を確認すること（車の走行方向が日本とは逆）。乗車後はバス中央の上部にある停留所案内をチェックし、降車ブザーを押す位置も確認しておくと降車時に慌てないで済む（進行方向の後部座席に座れば案内が見易い）。

　現地点：arrêt（アレッ）の後にバス停の名前がくる
　次の停留所：prochain arrêt（プッシェン、アレッ）の後にバス停の名前がくる

＊＊＊＊バス96番でパリ縦断＊＊＊＊
（セーヌ河を境にパリマップの上から）

　① Place des Vosges（ヴォージュ広場）パリで最も古い広場。ミシュラン3つ星レストランL' Ambroisie（ランブロワジー）、老舗紅茶店のDAMMANN FRÈRES（ダマン・フレール）、マカロンが美味しいCARETTE（カレット）等がある。6番地にヴィクトル・ユゴー記念館（一般公開）。徒歩圏内に Rue des Francs Bourgeois（フランブルジョワ通り）とピカソ美術館。
　② Hôtel de Ville（パリ市庁舎）市庁舎の向かいに、各種ブランドやパリ土産が揃う1856年創業のデパートBHV（ベー・アッシュ・ヴェー）。セーヌ河からシテ島への風景が秀逸。徒歩圏内（やや健脚向き）に Centre national d'art et de culture Georges Pompidou（ポンピドゥーセンター　国立近代美術館）。
　③ Île de la Cité（シテ島）マリーアントワネットが収監されていた Conciergerie（コンシェルジュリー）。ステンドグラスが美しい Sainte chapelle（サント・シャペル）ではクラシックコンサートが楽しめる。ナポレオンの戴冠式で有名な Cathédrale Notre-Dame（ノー

トルダム大聖堂　天蓋部分を焼失したため現在は立ち入り禁止　2019年）。花市と日曜開催の小鳥市。徒歩圏内に Île Saint-Louis（サンルイ島）が。アイスクリームで人気の老舗店 Bertillon（ベルティヨン）の他、島を走る中央通りの両側にはお土産の調達に便利なお店が色々と並んでいる。

④ Saint-Germain-Odéon（サンジェルマン・オデオン）
最古の教会 Église Saint-Germain-des-Prés（サン・ジェルマン・デ・プレ教会）。教会のすぐ脇に文豪が集ったカフェが二つ。徒歩圏内に Musée National Eugène Delacroix（ドラクロワ美術館）。

⑤ Église Saint-Sulpice（サン・シュルピス教会）
ダヴィンチ・コードで名が知れたサン・

シュルピス教会にはドラクロワの宗教画があり、日曜にはパイプオルガンの演奏（無料）が聴ける。すぐ近くの約200年の歴史をもつ LE MARCHE SAINT GERMAIN（サン・ジェルマン市場）が改装され、お洒落なショッピングエリアに変身した。

⑥ Renne-Saint-Placide（レンヌ・サン・プラシード）
BIO（自然農法）で有名な Marche Bio Raspail（ラスパイユのマルシェ　日曜開催）。徒歩圏内に世界初のデパート Bon Marché（ボン・マルシェ）。隣合わせる別館にはフランス各地の食材やお土産が揃う。徒歩圏内に（やや健脚向き）美味しいチーズの Quatrehomme（キャトルオム）。

ヴォージュ広場　　ピカソ美術館　　パリ市庁舎

ポンピドゥーセンター　　コンシェルジュリー　　マルシェの秋

あとがき

2020年、東京。そして4年後にはパリで開催予定だったオリンピック。パリの案内本を書こうとしていた私は、その偶然なる縁の深さに心の奥で嬉しさを噛みしめていました。個性が色濃く出る個人旅行ですが、パリに一人の知り合いも無く、車の運転も出来ない。そしてフランス語が未だもって拙く、英語だったらなんとか。そんな旅のスタイルを基本に、自分自身の目線で書き綴ったのが『私的 Paris 案内「ひとり歩きのパリノート」』です。

現地では少しの頑張りはするけれど無理はしない。そうやって歩いて集めたデータを元に、美味しいものを食べることや心地よい音楽を聴くこと。趣味の服やバッグ制作に使う素敵なアイテムを見つけること等々。自分の好みを思い切り詰込みました。スポーツの観戦をしたり、ロンシャンで競馬を楽しんだり。また、パリならではの最先端を行くファッションを見て歩く等。足りない分野が沢山あると思います。それは得意な方にお任せすることにして……。

やっと原稿が書きあがり出版への準備が整った、その時。海外へ旅することが全く不可能な時代へと世界は変貌していました。新型コロナウイルスです。まさかの事態に些かの揺るぎも無かったとは言えません。ですが自粛生活を続ける中で、本を読むことの楽しさが日々の生活の中の小さな喜びに繋がることもあるかも知れないと考え、敢えて制作を続行しました。

何時の日か自由で気儘な旅を試みたい方々に少しでもお役に立てばと願いつつ、自分自身も再びパリの地に降り立つことを夢見て。予想もしなかった特別な事情を抱えながら、ここに完成の日を迎えることが出来ました。制作の過程でお世話になった中央公論事業出版編集部の佐久間梨歩さんを始めとするスタッフの皆様、イラストのお手伝いをして下さったみちさか臣さん、そしてパリへの旅の最初の相棒となり常に私を支えてくれた母に心から感謝いたします。

尚、この本に使われたデータは（特に記載が無い限り）2019年5月を基準にしています。パリへの渡航が可能になった際には、様々な変更点が生まれていることでしょう。実際のお出掛けの前に、ご自身で再度ご確認下さるようお願いいたします。

著者略歴

西邑　真理（にしむら・まり）

北海道生まれ。東京在住。
図書館情報大学（現在は筑波大学に統合）にて第二外国語にフランス語を選択し、基礎を学ぶ。卒後は医学図書館に勤務し、英語の他に簡単なドイツ語にも触れる機会に出会う。20代の終わり頃からヨーロッパへ旅に出かけるようになり、40代に第一作目『海外旅行の達人　パリ編』を出版。定年退職後はアパルトマンに泊まり、集中的にパリとその近郊を訪れる。同時にブログ「パリとプチグルメ女史」（Ameba）を開始し、その足跡を掲載中。また、簡単に美味しく作れる料理やお菓子を「petit à petit」（プチ・タプチExcite blog）で紹介している。

私的 *Paris* 案内「ひとり歩きのパリノート」
　　　し てき　　　　　あんない　　　　　　　　　　　　　ある

2021 年 3 月 22 日　初版印刷
2021 年 4 月 9 日　初版発行

著　者　　西邑真理
　　　　　　にし　むら　ま　り
制作・発売　中央公論事業出版
　　　　　　〒 101-0051　東京都千代田区神田神保町 1-10-1
　　　　　　電話　03-5244-5723
　　　　　　URL　http://www.chukoji.co.jp/

印刷・製本 / 藤原印刷

Printed in Japan ⓒ 2021 Nishimura Mari
ISBN978-4-89514-530-5
◎定価はカバーに示してあります。
◎落丁本・乱丁本はお手数ですが小社宛お送りください。
　送料小社負担にてお取り替えいたします。